I0706489

MEDUIM

1		6	9				2	7
		7		3	5			
		2				8		
	5		7		6			
		4				6		
			8		1		4	
		9				4		
			5	2		1		
6	2				3	7		8

1

4	6		1			8		
			7			1		6
			5	3			9	
	8				3	4	7	
	2	6	9				8	
	4			2	5			
9		5			8			
		2			9		6	3

3

		4					3	
			9			5		
6	2		8			9		1
7		9			4			
8			1		3			2
			6			3		7
2		3			8		5	4
		1			5			
	4					2		

2

	8				5			
	5						1	9
2			9		1	5		4
		8		3	6	2		
		9	8	1		7		
3		2	7		4			8
5	4						7	
			3				6	

4

MEDUIM

	6	3	8				4	
9				3				
1		4	5		7			2
			6					
2		1				5		8
					4			
6			2		8	3		7
				1				6
	5				9	8	2	

5

1		4					9	
					5			7
7			2	9		3		
				4			8	3
	4	2				7	6	
3	6			5				
		6		1	9			4
5			4					
	8					1		9

7

3			5			8		4
		8		1	4			
9	7				3		5	1
5	9					6	2	3
			6		2			
4	6	2					1	8
8	4		1				7	2
			9	4		1		
7		5			8			6

6

	9	3		2	4			6
			5				3	2
	4			8		7		5
			2			1		3
	3	2	1		6	5	8	
9		1			3			
3		4		1			5	
8	2				5			
6			9	7		3	2	

8

MEDUIM

2	8						3	7
			4	5	8			
		1				8		
	1	9	5		4	7	6	
		5				1		
	2	7	3		6	4	9	
		2				3		
			7	6	2			
9	7						8	4

9

		1			9			
8			7	3			1	5
			4					2
7	9		1		3			
	3						7	
			5		4		6	9
1					5			
4	5			8	6			3
			2			8		

11

3			1					
	1	7	4		8	6		
4	5						7	2
		5	7	9		4	2	
	4			1			5	
	8	2		4	5	3		
6	3						9	5
		4	9		1	2	6	
					6			1

10

			6				4	3
					4		2	8
		4		2		5		9
8			3					
2	4						7	6
					7			5
9		8		6		1		
1	6		5					
4	7				8			

12

MEDUIM

4	2				5		7	
	8	5	4				3	
				7		4		
8			9					3
		7	5		4	1		
6					3			2
		1		5				
	6				2	3	1	
	4		1				9	7

13

	8	2			3			
				5			9	
	7		6			5		8
2		4			1			
	1		4		7		8	
			2			6		1
3		5			9		7	
	6			7				
			5			4	2	

15

	1		3			4		8
	8		6	9	1			5
						9		
					9	6		7
			8		3			
4		2	5					
		6						
9			4	5	2		3	
2		3			7		8	

14

	4				5		2	9
				9		5	4	
		1					6	
8			6	2				
6			5		1			8
				7	9			3
	1					4		
	3	7		5				
2	8		3				9	

16

MEDUIM

	9		1		4			
	8	5	3	7				
7		2			6	4		5
	6						5	3
2		4	5		1	9		6
8	5						4	
9		1	7			8		2
				6	8	3	1	
			9		3		7	

17

				9				
7	5	3			6			
8							1	7
4		5	6	8		7		
	8						6	
		9		5	7	1		8
1	6							3
			4			5	7	2
				3				

19

		2		9		5		
	4	5				9	2	
		8	2		6	7		
2			1		5			9
6			4		3			7
		6	8		1	2		
	9	1				4	3	
		3		4		6		

18

	2			7			5	
9		6		2		7		3
			9		4			
4	1						9	6
		2				4		
8	7						1	5
			7		1			
2		3		4		1		8
	6			9			3	

20

MEDUIM

		2	4		7			3
			1					7
	8	9			2			
		6		8		9	5	
			9		6			
	4	7		1		3		
			3			2	6	
5					1			
6			8		4	7		

21

	4	2		6	7			8
			9				1	4
	5			2		6		7
			1			7		5
	1	5	2		9	3	8	
2		3			6			
4		1		9			7	
9	7				2			
5			7	3		9	6	

23

	3					7		6
			4					
	7		1	2	6		4	
7			6			1		
4	1		7		2		6	5
		8			9			7
	4		8	3	7		5	
					5			
6		7					9	

22

		1	5		8	3		
	3				2	9	7	
9	4			6				5
1	7			8				4
		3	6		4	8		
4				3			5	7
6				4			2	8
	2	4	9				1	
		5	8		7	4		

24

MEDUIM

		6	1		2	8		
	1			5		2	7	
4	2	9				3		1
1			5		8			7
	9			6			1	
5			2		1			4
6		7				4	2	3
	3	5		7			9	
		1	8		3	7		

25

					1		4	6
3			7		5	2		
						3	7	
8				1				9
	4	2				1	8	
9				2				4
	7	9						
		1	8		9			5
4	3		6					

27

	6	1	9			2	4	
2				6				8
	7	8		3		5		
	4				2	9	1	3
			4		3			
7	9	3	5				2	
		5		8		4	9	
9				2				6
	1	7			9	3	5	

26

	9				4	5		
4	2			7	5			9
8					3	1		
	1					8		
	8						3	
		4					2	
		7	3					4
5			2	4			1	6
		2	9				8	

28

MEDUIM

	7		1			6	8	
9	8			4				
		6	3				2	
7					9			
		9	8		4	5		
			6					1
	4				3	1		
				2			5	4
	2	3			1		7	

29

4		7		5			8	1
2						3		
	9		8					7
			9		3	5		
7				8				2
		1	6		4			
3					8		2	
		6						4
8	4			9		6		5

31

	6							
	1	7			4		8	
		2	5		3	7		1
		6	3	2				
7								9
				7	9	8		
5		9	6		8	4		
	4		1			6	5	
							7	

30

		9		8	6		5	
		6		9	7		1	
3				2				4
		7					2	
		2				6		
	5					7		
6				3				1
	9		8	4		5		
	3		6	1		2		

32

MEDUIM

	2			7			5	
9		6		2		7		3
			9		4			
4	1						9	6
		2				4		
8	7						1	5
			7		1			
2		3		4		1		8
	6			9			3	

33

					7	6	3	
4				8			5	9
	1					2		8
			8					4
		8	4		5	1		
6					1			
2		5					6	
7	4			9				2
	3	9	6					

35

			1					6
	3			4			7	9
		2		7		5		
6	4				8	3		
			7		1			
		1	3				5	2
		7		2		9		
9	1			8			3	
2					6			

34

		4		3		2		
7		2				8		3
8			9		7			6
	6		3		2		4	
		9				1		
	7		5		9		2	
9			8		4			1
1		8				5		2
		7		6		9		

36

MEDUIM

	5			7	8			9
	3			2			1	4
						3		7
	9		2	3				
6	2						9	3
				9	7		4	
1		5						
9	8			4			6	
2			7	5			8	

37

	1			8	9			2
	7			6			3	4
						8		7
	5		2	7				
7	3						6	9
				9	6		2	
8		5						
3	4			1			9	
6			8	2			4	

39

					6		9	1
2			9		4	5		
						4	7	
6				8				7
	9	2				1	8	
8				6				4
	1	5						
		3	4		7			8
7	8		3					

38

					2		3	6
8		3		7			4	
9		7	1					
7							9	
	3		5		6		8	
	9							1
					1	8		5
	5			6		9		4
2	8		7					

40

MEDUIM

8			3				6	5
	5	7			2	9		
9				7				
	1	9		3				8
7								3
4				8		5	2	
				6				1
		5	4			2	3	
6	4				1			

41

	7	5						
8			5			9	3	
		3	9				2	
	1			5				7
	8		3		4		9	
4				1			6	
	9				7	4		
	2	4			3			6
						2	8	

43

5		7						8
6	8				4		1	
2	4				5	6	3	
	7			9	3			2
		4	1		2	8		
9			7	6			4	
	9	6	2				5	3
	2		6				8	4
8						2		6

42

		9	7					
		2		1	9			
		6				8	9	2
	4		1		5			6
	5						4	
3			4		6		7	
7	9	3				6		
			2	3		5		
					8	7		

44

MEDUIM

3			2		9			8
			5			7		
	9			8				
7				5			3	9
		5	9		6	8		
1	6			3				4
				7			8	
		4			1			
8			4		2			6

45

7			2					
	2			1	3			7
	1	4		7		5		9
						3	1	
			6		5			
	8	2						
5		1		3		9	8	
6			1	4			5	
					8			3

47

	3						9	
1			2	3	7			6
		8				3		
9		5	7		2	8		3
			6		3			
3		2	4		9	7		5
		1				6		
7			8	9	6			1
	9						4	

46

		4				9		
			1		6			
9	3		2		7		1	8
	8		6		2		5	
		2				3		
	5		9		4		7	
5	2		8		3		4	9
			4		1			
		6				5		

48

MEDUIM

9			4				2	7
								8
		7			1	3		4
					5	8	1	
1		4	3		6	9		5
	7	5	1					
7		2	9			6		
3								
8	1				4			2

49

4	2		9			3	
			5			9	
			3	4			7
	4				2	5	8
	1	7	6				3
	6			7	8		
1		3			5		
		4			9		2

51

		5	3		9	2		
	3				8	1	6	
8	2			1				3
6	1			5				8
		3	2		4	6		
4				9			3	5
7				3			5	6
	4	8	9				7	
		6	8		1	9		

50

		7					8
			7			2	
2	5		4			6	
8		2			1		
9			5		6		
			8			4	
7		5			2		6
		1			7		
	9					3	

52

MEDUIM

		3	9		8			
							3	7
					7	2		
6	2			4		8	1	
5	4						7	2
	3	8		9			5	6
		1	6					
9	7							
			3		5	9		

53

	8		6		9	3		
		2		7	4	8		6
7	3						1	
2	9		7		6			1
	7			9			6	
5			4		3		8	9
	2						4	3
6		3	9	4		1		
		7	5		8		9	

55

		2				6		
			9		1			
5	9		8		6		4	1
	3		6		5		2	
		6				8		
	5		1		7		6	
3	1		5		8		7	9
			7		4			
		7				3		

54

5	6		1		2			
		4			5		2	
					3		6	
2				1		8		
7	1						3	6
		8		9				5
	9		6					
	4		8			9		
			2		9		7	1

56

MEDUIM

		3		9		2		
2		6				4		7
9			2		4			6
	3		5		8		4	
		7				5		
	2		4		1		7	
3			6		2			9
5		1				8		4
		2		4		3		

57

		9		4		5		
8								7
	6		8		1		4	
4	3						2	5
			3		5			
2	9						3	6
	1		7		9		8	
6								9
		7		1		3		

59

1		5					6	2
8	2				5	7	4	
	9			7	8			3
	4	8	6		7			
		6		1		4		
			5		4	6	3	
4			7	2			8	
	8	7	9				1	6
2	3					9		4

58

7				8				1
		9	6		3	8		
		3				5		
	4	5				9	2	
			5		6			
	3	2				1	7	
		6				7		
		8	1		9	3		
5				7				4

60

MEDUIM

	2		7	1			9	6
	8	1						
			4		2			5
	6				7			3
	1						5	
2			9				6	
5			3		4			
						7	3	
1	3			2	8		4	

61

				3	2		7	
3	9				7		8	
		8			5	4		
6	1	2						
9				6				4
						6	1	8
		3	9			5		
	5		7				2	1
	6		5	2				

62

				3			1	2
		9		2		8		4
	3				1			5
			3	9		1		
5								6
		8		5	4			
2			9				7	
6		3		7		4		
9	8			6				

63

		9				2		
2	1						7	6
	8		7		1		5	
5			8		6			7
			5		3			
1			2		4			8
	5		9		7		2	
3	4						9	5
		8				1		

64

MEDUIM

		3		7		1		
	8						4	
		9	5		8	6		
6			8		9			3
			6		7			
2			1		3			5
		6	3		2	4		
	9						7	
		5		9		8		

65

	1		8		4		2	
2			9		1			3
		9				7		
5			4		7			8
8				6				2
1			2		3			7
		4				3		
9			3		5			6
	7		1		6		5	

66

	6		7			8	9	
9	4			5				
		3	4				6	
4					7			
		8	1		6	3		
			9					8
	2				4	9		
				1			2	5
	3	5			9		7	

67

7								1
	9	1		7		5	2	
			1		2			
	8		2		3		9	
	1						8	
	6		9		4		3	
			8		7			
	7	6		3		9	4	
4								8

68

MEDUIM

		1	6			8		
	5			7	9		4	
3		2			1	5		7
	3	7		8				4
	8		4		7		5	
5				9		2	7	
6		5	2			9		3
	2		9	3			1	
		3			8	4		

69

7				9		4		
		6	1				3	7
			7					
	1	8		7				5
	5		4		2		7	
3				8		9	2	
					9			
5	9				8	6		
		3		5				8

71

			3				1	8
					5		6	9
		6		8		7		5
2			9					
6	5						3	4
					7			1
8		2		3		1		
5	3		6					
7	4				9			

70

5	4						3	8
3	6		8		4			7
				3	5	9		
				5	2		8	9
	2	5				3	6	
1	9		3	4				
		2	5	8				
9			6		7		1	3
8	3						7	5

72

MEDUIM

	4	3			5			
8			4				2	3
1					7	6		
		1				8	4	
			1		3			
	5	9				1		
		8	2					9
3	6				1			8
			3			7	6	

73

	7							
	1	4			5		8	
		3	6		4	9		1
		5	7	2				
6								2
				9	6	5		
4		1	8		7	3		
	3		5			8	9	
							4	

75

3	1		6			9		
			7			2		4
			5	1			6	
	9				1	5	8	
	8	7	9				4	
	4			5	6			
2		3			8			
		5			3		9	8

74

	1	4			8			
3			9				8	7
8					6	5		
		6				3	1	
			2		4			
	7	9				2		
		8	7					4
6	4				5			3
			8			7	5	

75

MEDUIM

7	6							
		8		1			2	5
				4	6			1
			4	9	8		7	
	8						5	
	3		1	5	2			
4			8	3				
2	9			6		5		
							9	4

76

3			9				8	2
	9	8			2	3		
4				7				
	8	2		3				7
6								1
9				8		4	5	
				5				4
		7	1			9	6	
1	5				7			

78

	1						2	
5			7	3	4			8
		8				3		
2		6	4		7	9		1
			8		2			
4		1	9		3	2		5
		3				8		
9			3	8	5			2
	5						4	

77

	3	2					4	
8			5		2			9
			6				3	2
5					1			
	4	9		6		5	8	
			9					6
3	8				9			
2			7		8			3
	1					9	7	

79

MEDUIM

7	1		9		2			
		5			4		9	
					1		8	
9				5		6		
3	7						2	4
		1		4				7
	6		3					
	3		8			2		
			4		9		7	5

80

	5	8					6	
4			8		2			1
			1				7	8
3					4			
	6	4		3		7	8	
			5					9
5	1				7			
2			6		8			3
	9					6	2	

81

	6		5		2			
	5	2	1	8				
9		1			6	5		8
	8						5	2
6		3	9		5	1		4
1	7						3	
5		8	2			6		3
				6	4	2	1	
			3		9		4	

83

4				3				2
					1			
8	1		6	9			7	
							2	5
7	9		1		4		8	3
6	2							
	8			6	3		1	9
			2					
2				5				6

84

MEDUIM

3			9				8	2
	9	8			2	3		
4				7				
	8	2		3				7
6								1
9				8		4	5	
				5				4
		7	1			9	6	
1	5				7			

85

		2			3			
	7		5	6				9
9	3	5	1					
				1		6		
4	6						5	2
		7		2				
					6	3	4	1
3				9	7		6	
			8			7		

87

					5	2		
				2		3		
8	7		1		3		5	
	4	1	8					5
7								2
5					1	6	3	
	2		5		4		7	8
		6		8				
		7	9					

86

6				3			2	
8	4	3					9	1
			4					
			8		1	2		
9	2						7	4
		5	2		4			
					3			
2	5					3	1	6
	7			4				2

88

MEDUIM

4		8						5
9	5				7		3	
3	1				8	2	6	
	8			7	4			2
		4	3		5	6		
7			2	6			4	
	4	3	7				8	6
	7		6				2	1
1						5		3

89

	7	3			2			
6			5				3	4
4					1	8		
		5				3	1	
			1		9			
	9	4				6		
		2	4					3
7	3				8			6
			9			7	5	

91

			6	1		5		4
3			8					9
	1				9		7	
			9	8			1	2
1	9			4	3			
	7		5				4	
8					1			6
5		3		2	6			

90

				3	5			
3	8					2		
		5	2					6
9					2		1	8
	4						5	
1	6		8					7
4					3	7		
		8					3	1
			6	1				

92

MEDUIM

2		8	4					6
3					2			1
	9				7		5	
	6	9				1		
			5	8	6			
		2				6	3	
	2		6				4	
5			2					7
6					3	2		8

93

	6	8	1		2			
	2		4				8	1
		5			6	2		4
6		9	2		3		5	8
5	1		8		9	4		7
3		2	6			8		
8	9				7		4	
			9		8	3	1	

95

1					3			7
	5	7				9	2	
2					9			
		5	6		4			
			9	3	1			
			7		5	8		
			1					6
	2	8				5	7	
3			8					4

94

4	5		7	9		3		6
2	6				4			5
		8			2		1	
9	4			8		1	5	
	8	5		1			4	2
	9		3			2		
8			4				7	1
1		7		6	5		3	9

96

MEDUIM

6				1				8
3		5				4		9
			7		9			
4			8		7			2
	8						1	
7			3		1			6
			4		5			
9		2				5		4
1				2				3

97

	5			2				
	2	4	3		9			1
						9	2	
		5			3		7	8
			1		2			
6	3		8			4		
	8	9						
7			9		5	1	8	
				7			4	

99

	3					1	5	
		4	3					9
8					4		6	7
2				7	5			
		7				6		
			2	6				1
1	9		5					3
4					8	9		
	8	2					7	

98

	3					5	6	
		7	2					9
5					4		3	2
6				7	2			
		3				8		
			3	8				1
2	8		6					3
9					5	2		
	1	4					5	

100

HARD

		6				1	5	
3				2	8			
7			1					8
	1		3		9	2		
	3			5			6	
		9	7		4		3	
1					5			9
			2	8				4
	6	4				5		

101

				8			1	9
		9		2		7		5
	6				4			8
			1	9		3		
2								7
		3		4	7			
4			8				5	
5		1		7		6		
9	2			6				

103

					8		1	
2				3		5		
	6	9	4	7		8		
4						6		
	9	3		8		4	5	
		6						7
		2		4	1	3	9	
		8		2				5
	3		7					

102

		5				7	8	
3				7	9			
7			3					6
	1		7		6	5		
	8			2			6	
		4	9		8		1	
2					7			4
			1	8				9
	5	9				2		

104

HARD

	3	9	5		6			
	5					4		
8				3				1
4		5					2	
	1		8		4		7	
	7					3		6
3				2				5
		7					1	
			9		1	8	3	

105

					1	2		
				2		6		
7	3		6		8		9	
	5	3	1					9
4								6
6					4	5	2	
	2		3		9		6	5
		7		1				
		1	2					

107

		3				6		
	6						4	
8			7		6			5
4	9		1		5		7	6
			2		7			
1	7		6		9		8	3
3			5		4			2
	2						9	
		6				4		

106

			2			5	1	
1			5		8		3	
						6		7
					5	8		
4	8	7		3		9	5	2
		2	4					
9		8						
	4		8		2			9
	7	6			3			

108

HARD

	7						6	3
	4		8	9	3			1
				1				
4					1		8	
8	3						1	2
	6		9					5
				2				
9			6	5	4		7	
6	8						3	

109

		6				2		
5	4						9	6
	9	2				7	1	
	2		8		7		5	
			2	6	1			
	7		4		9		3	
	5	3				1	8	
2	1						6	9
		8				5		

111

1			4				2	
	2					8		
		9		7				
7	3				1	4	6	
	9	2				5	3	
	1	4	5				7	9
				6		7		
		7					1	
	5				7			3

110

	1	6					5	
3			5		4			7
			2				8	9
7					1			
	2	8		4		5	3	
			9					8
8	4				6			
1			4		5			6
	7					3	9	

112

HARD

	2	4		3				
					5	9		2
	7		1					3
	6			4		8		
4			9		6			5
		7		8			1	
6					3		5	
2		1	6					
				5		2	9	

113

	4						6	
6			4	3	5			2
		9	1		6	8		
4								8
		6	9	2	7	4		
7								6
		3	6		1	2		
2			7	5	9			1
	7						4	

115

3				9		6		
2			5		3			
	9						4	
8		3		1	6			
	7						6	
			4	5		1		8
	4						2	
			1		2			6
		8		6				7

114

3		9			2	1		
	2				5		6	4
				7			3	8
		1						6
	4		9		7		1	
5						4		
6	5			9				
9	8		2				4	
		4	7			8		2

116

HARD

		4	3					1
	3			9				8
1	6		5					
		1	2		5		3	
	8						5	
	7		4		8	6		
					6		2	5
7				5			8	
5					2	9		

117

3	2				9			
		7	5	3		6		
9							3	
1						3	9	5
			1		7			
6	4	9						8
	5							2
		6		8	2	7		
			7				8	3

118

		1	9					8
	9			7				6
4	2		6					
		3	1		5		8	
	5						3	
	8		7		4	2		
					7		9	4
3				6			7	
9					8	1		

119

3			5					
		6		1			3	
8			2		4	9		
	3		8		2			
1		7				2		5
			6		1		9	
		9	3		8			7
	2			6		8		
					5			4

120

HARD

	7				9	1	8	
4								
		9	2					6
7	3				6	9		
		2	1		4	8		
		5	3				7	4
3					5	2		
								1
	5	1	4				6	

121

3	6		7				2	
	9		5	6				1
		8						
	2					4		
7			3		4			2
		6					9	
						9		
9				1	2		3	
	3				8		5	6

123

1		8					7	
					3			4
4			7	1		9		
				2			8	5
	3	1				6	9	
7	8			3				
		7		6	5			9
5			9					
	2					8		6

122

	6		2		7			
	9	1	5	8				
2		8			9	6		3
	2						9	6
7		6	1		5	3		2
9	8						4	
4		2	7			8		9
				2	3	5	7	
			9		4		3	

124

HARD

7	1		9			6		
			7			2		9
			2	4			1	
	4				6	9	8	
	6	5	8				2	
	5			8	9			
6		1			3			
		9			7		4	3

125

		2				7	8	
8			2		4			6
					6	4		5
6			9				5	7
				4				
3	7				2			4
2		3	6					
9			1		3			8
	8	1				3		

126

						4		
	6	7		2			9	
3		4	5			6	8	
				9		8		
	1		7	3	2		5	
		9		5				
	8	2			1	5		7
	7			6		2	4	
		5						

127

6				4				9
	1	4	6				7	
				5	3		6	
		1					4	
7		3				8		2
	9					6		
	7		5	3				
	8				7	5	2	
3				2				1

128

HARD

9		1		5			7	8
2						4		
	4		3					6
			6		7	5		
5				4				2
		9	5		3			
4					1		9	
		3						4
6	9			7		1		3

157

4			9				5	3
	3	8			2	7		
7				6				
	2	4		5				1
9								6
1				3		4	7	
				2				7
		5	3			8	1	
2	9				7			

159

	6				5	2	1	
1								
		4	3					7
3	9				2	7		
		2	9		8	4		
		7	5				9	2
4					1	8		
								6
	8	5	7				2	

158

				1			8	6
4			8	3				
	5				2			
	6	2				7	9	
3		7				1		5
	9	5				2	4	
			6				3	
				5	3			2
7	3			9				

160

HARD

			6				1	7
					1		9	4
		3		2		8		6
3			2					
8	4						3	1
					4			5
1		9		6		7		
5	2		4					
7	6				2			

133

5				2			3	
	2	6		3		5		
1			4		8		6	9
3	7	4			5	8		
			1		9			
		1	3			7	2	5
2	8		7		3			6
		9		4		3	7	
	4			1				2

135

4	6		1	2		7		5
3	5				7			2
		2			3		6	
8	1			7		5	9	
	3	4		8			1	6
	4		7			8		
6			4				5	9
9		1		5	2		7	4

134

			1	2				
5	4	7	6	8			2	9
		1				8		6
		5		6			9	
4	6		3		8		1	7
	9			7		2		
6		8				9		
2	1			4	6	7	8	3
				1	9			

136

HARD

	7	1			4			
6			8				9	2
8					5	7		
		2				3	1	
			7		3			
	3	5				2		
		6	3					1
1	4				2			8
			9			6	5	

137

	9			4				
	7						3	6
3		4	6	7				9
	4					5		
2			4		8			1
		8					2	
7				2	9	6		5
1	2						7	
				6			1	

138

		4	6					3
	9			7				2
6	2		3					
		9	7		4		8	
	8						1	
	6		5		2	3		
					1		3	7
1				5			2	
8					3	5		

139

		6	9					8
	3			2				6
5	2		4					
		8	7		4		6	
	7						4	
	5		8		3	1		
					5		8	7
4				7			1	
9					8	3		

140

HARD

8	5			6	3			
2		6	8					
				5		1		
						6		1
	4		5	1	8		3	
7		1						
		4		3				
					2	5		9
			4	9			7	2

141

		7		2				9
	8		4		3			
		5						1
					1		9	
9			7		2			4
	3		6					
7						2		
			1		8		6	
5				3		8		

142

	9			2	6			8
	2			1			6	5
						4		2
	5		9	8				
3	6						7	1
				6	1		4	
9		1						
7	4			3			8	
6			5	4			9	

143

				4	2			
5	7					3		
		3	6					4
2					1		9	7
	4						6	
9	1		8					2
6					4	1		
		8					4	5
			2	9				

144

HARD

				6	2		3	
4	9				8		7	
		3			4	2		
6	1	9						
5				4				3
						1	6	7
		1	6			5		
	3		4				8	6
	8		2	7				

145

		3		5		8		
9		5				7		4
4			7		9			1
	9		5		7		8	
		4				1		
	8		6		3		4	
5			8		2			9
2		9				4		8
		6		7		5		

147

	4				5	7	2	
2								
		3	7					6
9	6				2	8		
		1	5		4	2		
		8	9				3	1
8					6	3		
								5
	7	6	3				1	

146

				8			9	2
		1		4		8		7
	6				2			3
			2	9		7		
5								8
		7		6	4			
8			6				7	
1		9		2		4		
3	7			5				

148

HARD

		2				1		
6	3						9	7
	7		5		6		4	
1			4		9			5
			6		3			
7			2		8			3
	9		3		5		7	
3	4						6	2
		8				9		

149

		4				2		
	1	6				7	4	
5	2						3	1
	7		8		4		1	
			3	6	1			
	6		5		7		9	
6	8						2	3
	9	5				4	6	
		3				5		

150

	1		4	6	5			9
						8		
2		9				4		
			8	4				7
	2		6		7		3	
5				9	3			
		2				6		8
		5						
9			7	1	8		4	

151

3				5				9
		2				7		
5	8						3	1
2	9		8		6		1	4
4	3		5		2		9	8
6	1						4	7
		4				3		
7				4				6

152

HARD

		5					3	
			3			4		
6	3		2			8		7
7		2			5			
8			1		7			9
			8			1		4
3		1			9		4	6
		6			1			
	7					5		

153

		6				3	7	
1				3	7			
8			6					1
	5		2		3	9		
	2			6			5	
		7	5		4		6	
7					5			4
			4	2				9
	8	9				5		

154

4				1		7		
		6	3				1	4
			7					
	3	5		4				2
	7		6		1		8	
8				3		5	6	
					5			
5	9				8	3		
		8		7				9

155

3				4				1
8	7						4	2
		9				8		
		1	9		3	6		
	6						7	
		3	1		2	4		
		4				5		
5	3						9	7
6				8				4

156

HARD

9		1	3					2
7					5			4
	5				6		3	
	3	2				9		
			9	3	1			
		6				1	7	
	8		7				4	
2			6					8
3					8	2		7

161

4		2				9		3
	6						4	
3			7		4			1
	7	6	2		9	4	5	
	8	3	4		5	1	2	
7			1		6			5
	3						8	
5		8				7		6

164

1		3				5		9
		7		9		2		
2	9						6	1
4			1		7			3
8			6		5			7
5	8						2	4
		1		4		7		
3		4				9		5

163

1		6	5					3
	2	7				9		4
			9					
7					4	2		
	6		7		5		3	
		5	8					6
					1			
2		4				6	5	
3					8	1		7

165

HARD

		5	8					
			6	5		2		8
4					7			
		1	7			6	8	
8								4
	9	4			2	7		
			4					3
2		3		7	6			
					1	9		

166

4				3	9			
	6		4					8
			1		2		5	4
	2					5		
5	1						4	7
		4					3	
9	8		2		3			
6					5		2	
			7	6				3

168

6								
	3	9			5			1
	7		1		6			
4					8		2	
5		2	9	3	4	6		7
	1		7					8
			8		3		7	
1			2			4	5	
								9

167

4								
	2	9			6			3
	3		8		2			
3					5		4	
7		2	4	8	3	9		6
	1		2					8
			9		8		5	
1			3			8	6	
								9

169

HARD

	1		9	7	4			
				8	1			9
	4						1	2
	2			6				7
		9				6		
8				2			5	
5	7						6	
1			8	3				
			5	1	7		4	

170

						9		
	8	3		1			4	
1		9	7			2	5	
				9		4		
	4		1	6	5		3	
		8		3				
	1	6			3	5		4
	9			7		1	2	
		2						

171

3				7		2		
8			6		4			
	7						9	
7		8		2	1			
	3						5	
			4	3		7		6
	5						6	
			9		5			1
		9		1				4

172

		5	8			7		
	8			9	3		4	
9		6			7	5		8
	7	2		8				6
	1		2		5		8	
8				4		1	2	
1		7	3			2		4
	3		6	7			1	
		4			1	8		

173

HARD

9			6					
	6			8	3			4
	5	4		2		3		8
						1	4	
			8		4			
	1	7						
8		2		3		4	9	
3			4	5			8	
					8			7

174

3				1		7		
2			5		8			
	4						3	
7		5		4	3			
	9						4	
			9	7		1		5
	1						2	
			3		6			8
		3		8				9

176

		3				2		
7		9				6		8
	6		7		9		3	
			1		8			
	3		4		5		2	
			9		2			
	9		5		6		1	
1		2				3		7
		8				5		

175

9		5					3	
					2			6
3			4	6		1		
				7			2	3
	7	8				9	4	
2	4			1				
		4		9	5			7
5			6					
	9					5		2

177

HARD

8	7		1	9		2		4
2	9				3			6
		5			8		1	
1	5			6		9	4	
	4	6		5			2	3
	3		2			4		
7			6				8	5
5		9		8	7		3	2

178

		4				2		
9	8						1	4
	1	6				7	8	
	5		9		4		3	
			3	2	8			
	2		6		5		9	
	4	9				3	7	
7	3						6	5
		5				4		

179

				1				
8		1	6		7	4		9
	7		3		8		1	
9		5				1		2
1		7				5		3
	6		9		5		4	
5		3	8		4	2		7
				2				

180

		2			8	1	4	
8		5		4				
4			6				5	3
3						4		
	2						6	
		8						7
9	7				6			1
				2		6		4
	8	6	9			3		

181

HARD

						1		9
		5	6					
			2	5	3		4	
3		7				8		
2				7				1
		9				5		4
	8		5	1	6			
					7	3		
4		6						

182

		1		4		8		
2		3	7		8	6		9
	5						2	
		9	6		1	3		
		7				2		
		5	3		9	1		
	7						8	
8		4	1		7	5		2
		6		3		7		

184

6	4		2	1		5		7
1	9				8			3
		2			9		1	
7	5			6		1	2	
	6	9		7			8	4
	2		3			8		
9			4				5	2
4		7		2	6		3	1

183

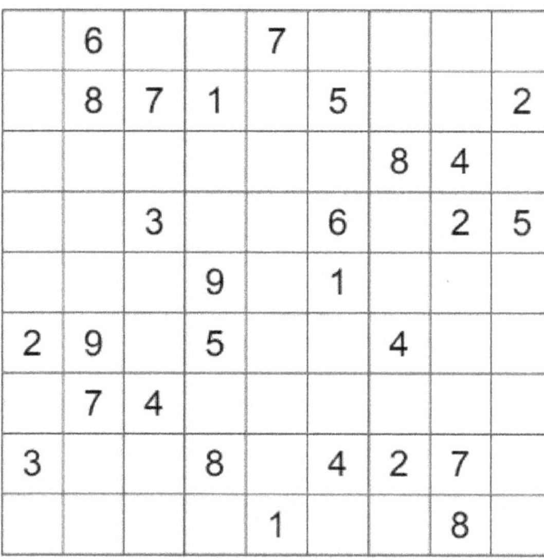

	6			7				
	8	7	1		5			2
						8	4	
		3			6		2	5
			9		1			
2	9		5			4		
	7	4						
3			8		4	2	7	
				1			8	

185

HARD

	3	6						
4			2			8	5	
		8	1				9	
	7			3				5
	9		7		5		1	
8				9			2	
	8				6	7		
	4	7			9			6
						1	3	

186

		2				5		
8	6						3	4
	3	7				2	9	
	7		2		9		4	
			5	7	6			
	5		8		4		2	
	2	4				3	1	
7	9						5	6
		5				4		

188

					7		5	9
8			1		3	6		
						8	3	
7				4				8
	5	6				2	4	
4				3				5
	6	9						
		7	8		1			2
1	3		9					

187

					2		1	
1				3		8		
	4	9	7	6		2		
2						5		
	9	1		4		7	2	
		7						1
		2		9	6	4	8	
		3		7				2
	8		5					

189

HARD

	8							9
		4		5	7			3
1			4	2				
8	9			4				
			1		6			
				7			2	4
				6	3			1
2			7	1		9		
7							5	

190

3				6		7		
					4			
	1		7		2	5	3	
9		4			8			3
				1				
6			9			8		7
	5	8	2		3		4	
			1					
		9		8				5

192

	5			9	6			2
	7			3			1	6
						3		9
	2		1	5				
9	1						7	8
				2	8		6	
5		3						
8	9			7			5	
1			5	4			2	

191

		5				4		
3	8						9	1
	9		6		8		2	
8			7		9			2
			8		4			
7			5		3			9
	5		4		2		1	
4	2						5	3
		7				2		

193

HARD

		7		3		9		
	1	4				7	8	
		5	7		4	2		
7			3		2			4
4			6		8			9
		9	4		3	5		
	7	1				4	9	
		6		9		8		

194

	9		5				4	7
		2						
1	7		3	6				9
5	8				6			
9								5
			4				6	8
8				4	1		7	3
						2		
3	4				2		8	

195

		3						4
4		7	8					6
1	2				7	3		
6		4						
9			2		1			7
						5		9
		5	7				6	1
7					6	9		3
2						4		

196

5	8				1		7	4
	1		6		7		9	
				3				
		6				2		
4			2		5			1
		8				7		
				6				
	4		7		2		3	
7	6		5				2	9

197

HARD

			8	6		1		5
8			3					4
	5				4		7	
			4	3			5	2
2	1			7	9			
	9		7				8	
7					6			9
6		1		4	2			

198

1		2	5				9	
						8		7
			6		7			
9						4		
	3		8		5		1	
		1						2
			4		3			
2		7						
	6				1	5		8

200

	7	5	8		6			
	9		2				4	8
		3			5	7		6
7		8	4		1		3	2
1	3		9		2	6		7
3		9	6			2		
5	1				3		9	
			5		9	1	6	

199

3			5					
		6		1			3	
8			2		4	9		
	3		8		2			
1		7				2		5
			6		1		9	
		9	3		8			7
	2			6		8		
					5			4

201

Sudoku Solution

1	3	6	9	8	4	5	2	7
8	4	7	2	3	5	9	1	6
5	9	2	1	6	7	8	3	4
2	5	1	7	4	6	3	8	9
9	8	4	3	5	2	6	7	1
7	6	3	8	9	1	2	4	5
3	1	9	6	7	8	4	5	2
4	7	8	5	2	9	1	6	3
6	2	5	4	1	3	7	9	8

1

1	9	4	5	6	2	7	3	8
3	8	7	9	4	1	5	2	6
6	2	5	8	3	7	9	4	1
7	3	9	2	8	4	6	1	5
8	5	6	1	7	3	4	9	2
4	1	2	6	5	9	3	8	7
2	6	3	7	9	8	1	5	4
9	7	1	4	2	5	8	6	3
5	4	8	3	1	6	2	7	9

2

4	6	3	1	9	2	8	5	7
2	5	9	7	8	4	1	3	6
1	7	8	5	3	6	2	9	4
5	8	1	2	6	3	4	7	9
3	9	4	8	5	7	6	2	1
7	2	6	9	4	1	3	8	5
6	4	7	3	2	5	9	1	8
9	3	5	6	1	8	7	4	2
8	1	2	4	7	9	5	6	3

3

9	8	1	6	4	5	3	2	7
7	5	4	2	8	3	6	1	9
2	6	3	9	7	1	5	8	4
4	7	8	5	3	6	2	9	1
1	2	5	4	9	7	8	3	6
6	3	9	8	1	2	7	4	5
3	9	2	7	6	4	1	5	8
5	4	6	1	2	8	9	7	3
8	1	7	3	5	9	4	6	2

4

5	6	3	8	2	1	7	4	9
9	7	2	4	3	6	1	8	5
1	8	4	5	9	7	6	3	2
7	3	5	6	8	2	9	1	4
2	4	1	9	7	3	5	6	8
8	9	6	1	5	4	2	7	3
6	1	9	2	4	8	3	5	7
3	2	8	7	1	5	4	9	6
4	5	7	3	6	9	8	2	1

5

3	2	1	5	7	9	8	6	4
6	5	8	2	1	4	7	3	9
9	7	4	8	6	3	2	5	1
5	9	7	4	8	1	6	2	3
1	8	3	6	9	2	5	4	7
4	6	2	7	3	5	9	1	8
8	4	9	1	5	6	3	7	2
2	3	6	9	4	7	1	8	5
7	1	5	3	2	8	4	9	6

6

1	2	4	7	6	3	5	9	8
6	3	9	1	8	5	4	2	7
7	5	8	2	9	4	3	1	6
9	1	5	6	4	7	2	8	3
8	4	2	9	3	1	7	6	5
3	6	7	8	5	2	9	4	1
2	7	6	3	1	9	8	5	4
5	9	1	4	7	8	6	3	2
4	8	3	5	2	6	1	7	9

7

5	9	3	7	2	4	8	1	6
1	8	7	5	6	9	4	3	2
2	4	6	3	8	1	7	9	5
4	5	8	2	9	7	1	6	3
7	3	2	1	4	6	5	8	9
9	6	1	8	5	3	2	4	7
3	7	4	6	1	2	9	5	8
8	2	9	4	3	5	6	7	1
6	1	5	9	7	8	3	2	4

8

2	8	4	6	9	1	5	3	7
7	9	3	4	5	8	6	1	2
5	6	1	2	7	3	8	4	9
3	1	9	5	2	4	7	6	8
6	4	5	9	8	7	1	2	3
8	2	7	3	1	6	4	9	5
1	5	2	8	4	9	3	7	6
4	3	8	7	6	2	9	5	1
9	7	6	1	3	5	2	8	4

9

3	9	6	1	2	7	5	8	4
2	1	7	4	5	8	6	3	9
4	5	8	3	6	9	1	7	2
1	6	5	7	9	3	4	2	8
7	4	3	8	1	2	9	5	6
9	8	2	6	4	5	3	1	7
6	3	1	2	7	4	8	9	5
5	7	4	9	8	1	2	6	3
8	2	9	5	3	6	7	4	1

10

6	2	1	8	5	9	4	3	7
8	4	9	7	3	2	6	1	5
3	7	5	4	6	1	9	8	2
7	9	6	1	2	3	5	4	8
5	3	4	6	9	8	2	7	1
2	1	8	5	7	4	3	6	9
1	8	2	3	4	5	7	9	6
4	5	7	9	8	6	1	2	3
9	6	3	2	1	7	8	5	4

11

5	2	9	6	8	1	7	4	3
7	1	3	9	5	4	6	2	8
6	8	4	7	2	3	5	1	9
8	5	7	3	4	6	2	9	1
2	4	1	8	9	5	3	7	6
3	9	6	2	1	7	4	8	5
9	3	8	4	6	2	1	5	7
1	6	2	5	7	9	8	3	4
4	7	5	1	3	8	9	6	2

12

Sudoku Solution

4	2	6	3	8	5	9	7	1
7	8	5	4	9	1	2	3	6
1	9	3	2	7	6	4	5	8
8	1	4	9	2	7	5	6	3
2	3	7	5	6	4	1	8	9
6	5	9	8	1	3	7	4	2
3	7	1	6	5	9	8	2	4
9	6	8	7	4	2	3	1	5
5	4	2	1	3	8	6	9	7

13

6	1	9	3	2	5	4	7	8
7	8	4	6	9	1	3	2	5
3	2	5	7	8	4	9	6	1
8	3	1	2	4	9	6	5	7
5	6	7	8	1	3	2	9	4
4	9	2	5	7	6	8	1	3
1	5	6	9	3	8	7	4	2
9	7	8	4	5	2	1	3	6
2	4	3	1	6	7	5	8	9

14

5	8	2	9	1	3	7	6	4
1	4	6	7	5	8	3	9	2
9	7	3	6	2	4	5	1	8
2	5	4	8	6	1	9	3	7
6	1	9	4	3	7	2	8	5
8	3	7	2	9	5	6	4	1
3	2	5	1	4	9	8	7	6
4	6	8	3	7	2	1	5	9
7	9	1	5	8	6	4	2	3

15

7	4	8	1	6	5	3	2	9
3	6	2	7	9	8	5	4	1
9	5	1	4	3	2	8	6	7
8	7	5	6	2	3	9	1	4
6	9	3	5	4	1	2	7	8
1	2	4	8	7	9	6	5	3
5	1	9	2	8	7	4	3	6
4	3	7	9	5	6	1	8	2
2	8	6	3	1	4	7	9	5

16

3	9	6	1	5	4	7	2	8
4	8	5	3	7	2	6	9	1
7	1	2	8	9	6	4	3	5
1	6	9	4	8	7	2	5	3
2	7	4	5	3	1	9	8	6
8	5	3	6	2	9	1	4	7
9	3	1	7	4	5	8	6	2
5	4	7	2	6	8	3	1	9
6	2	8	9	1	3	5	7	4

17

1	6	2	7	9	4	5	8	3
7	4	5	3	1	8	9	2	6
9	3	8	2	5	6	7	1	4
2	8	7	1	6	5	3	4	9
3	5	4	9	8	7	1	6	2
6	1	9	4	2	3	8	5	7
4	7	6	8	3	1	2	9	5
5	9	1	6	7	2	4	3	8
8	2	3	5	4	9	6	7	1

18

2	4	1	7	9	3	8	5	6
7	5	3	8	1	6	9	2	4
8	9	6	5	2	4	3	1	7
4	1	5	6	8	2	7	3	9
3	8	7	1	4	9	2	6	5
6	2	9	3	5	7	1	4	8
1	6	2	9	7	5	4	8	3
9	3	8	4	6	1	5	7	2
5	7	4	2	3	8	6	9	1

19

1	2	4	3	7	6	8	5	9
9	5	6	1	2	8	7	4	3
3	8	7	9	5	4	6	2	1
4	1	5	2	8	7	3	9	6
6	3	2	5	1	9	4	8	7
8	7	9	4	6	3	2	1	5
5	4	8	7	3	1	9	6	2
2	9	3	6	4	5	1	7	8
7	6	1	8	9	2	5	3	4

20

1	5	2	4	6	7	8	9	3
3	6	4	1	9	8	5	2	7
7	8	9	5	3	2	6	4	1
2	1	6	7	8	3	9	5	4
8	3	5	9	4	6	1	7	2
9	4	7	2	1	5	3	8	6
4	7	1	3	5	9	2	6	8
5	2	8	6	7	1	4	3	9
6	9	3	8	2	4	7	1	5

21

2	3	4	5	9	8	7	1	6
1	9	6	4	7	3	5	8	2
8	7	5	1	2	6	3	4	9
7	2	9	6	5	4	1	3	8
4	1	3	7	8	2	9	6	5
5	6	8	3	1	9	4	2	7
9	4	2	8	3	7	6	5	1
3	8	1	9	6	5	2	7	4
6	5	7	2	4	1	8	9	3

22

1	4	2	3	6	7	5	9	8
3	6	7	9	5	8	2	1	4
8	5	9	4	2	1	6	3	7
6	9	4	1	8	3	7	2	5
7	1	5	2	4	9	3	8	6
2	8	3	5	7	6	1	4	9
4	3	1	6	9	5	8	7	2
9	7	6	8	1	2	4	5	3
5	2	8	7	3	4	9	6	1

23

7	6	1	5	9	8	3	4	2
5	3	8	4	1	2	9	7	6
9	4	2	7	6	3	1	8	5
1	7	9	2	8	5	6	3	4
2	5	3	6	7	4	8	9	1
4	8	6	1	3	9	2	5	7
6	9	7	3	4	1	5	2	8
8	2	4	9	5	6	7	1	3
3	1	5	8	2	7	4	6	9

24

Sudoku Solution

7	5	6	1	3	2	8	4	9
3	1	8	4	5	9	2	7	6
4	2	9	7	8	6	3	5	1
1	6	2	5	4	8	9	3	7
8	9	4	3	6	7	5	1	2
5	7	3	2	9	1	6	8	4
6	8	7	9	1	5	4	2	3
2	3	5	6	7	4	1	9	8
9	4	1	8	2	3	7	6	5

25

3	6	1	9	5	8	2	4	7
2	5	9	7	6	4	1	3	8
4	7	8	2	3	1	5	6	9
5	4	6	8	7	2	9	1	3
1	8	2	4	9	3	6	7	5
7	9	3	5	1	6	8	2	4
6	2	5	3	8	7	4	9	1
9	3	4	1	2	5	7	8	6
8	1	7	6	4	9	3	5	2

26

2	8	7	9	3	1	5	4	6
3	6	4	7	8	5	2	9	1
1	9	5	2	6	4	3	7	8
8	5	3	4	1	7	6	2	9
7	4	2	5	9	6	1	8	3
9	1	6	3	2	8	7	5	4
5	7	9	1	4	3	8	6	2
6	2	1	8	7	9	4	3	5
4	3	8	6	5	2	9	1	7

27

6	9	3	1	2	4	5	7	8
4	2	1	8	7	5	3	6	9
8	7	5	6	9	3	1	4	2
7	1	6	4	3	2	8	9	5
2	8	9	5	6	1	4	3	7
3	5	4	7	8	9	6	2	1
9	6	7	3	1	8	2	5	4
5	3	8	2	4	7	9	1	6
1	4	2	9	5	6	7	8	3

28

3	7	4	1	9	2	6	8	5
9	8	2	5	4	6	7	1	3
1	5	6	3	8	7	4	2	9
7	1	5	2	3	9	8	4	6
2	6	9	8	1	4	5	3	7
4	3	8	6	7	5	2	9	1
8	4	7	9	5	3	1	6	2
6	9	1	7	2	8	3	5	4
5	2	3	4	6	1	9	7	8

29

8	6	5	7	1	2	3	9	4
3	1	7	9	6	4	2	8	5
4	9	2	5	8	3	7	6	1
9	8	6	3	2	1	5	4	7
7	2	4	8	5	6	1	3	9
1	5	3	4	7	9	8	2	6
5	7	9	6	3	8	4	1	2
2	4	8	1	9	7	6	5	3
6	3	1	2	4	5	9	7	8

30

4	6	7	3	5	2	9	8	1
2	5	8	7	1	9	3	4	6
1	9	3	8	4	6	2	5	7
6	2	4	9	7	3	5	1	8
7	3	9	5	8	1	4	6	2
5	8	1	6	2	4	7	9	3
3	7	5	4	6	8	1	2	9
9	1	6	2	3	5	8	7	4
8	4	2	1	9	7	6	3	5

31

2	1	9	4	8	6	3	5	7
5	4	6	3	9	7	8	1	2
3	7	8	5	2	1	9	6	4
4	6	7	9	5	8	1	2	3
9	8	2	1	7	3	6	4	5
1	5	3	2	6	4	7	9	8
6	2	5	7	3	9	4	8	1
7	9	1	8	4	2	5	3	6
8	3	4	6	1	5	2	7	9

32

1	2	4	3	7	6	8	5	9
9	5	6	1	2	8	7	4	3
3	8	7	9	5	4	6	2	1
4	1	5	2	8	7	3	9	6
6	3	2	5	1	9	4	8	7
8	7	9	4	6	3	2	1	5
5	4	8	7	3	1	9	6	2
2	9	3	6	4	5	1	7	8
7	6	1	8	9	2	5	3	4

33

7	9	4	1	3	5	8	2	6
5	3	8	6	4	2	1	7	9
1	6	2	8	7	9	5	4	3
6	4	9	2	5	8	3	1	7
3	2	5	7	6	1	4	9	8
8	7	1	3	9	4	6	5	2
4	8	7	5	2	3	9	6	1
9	1	6	4	8	7	2	3	5
2	5	3	9	1	6	7	8	4

34

8	5	2	9	4	7	6	3	1
4	6	3	1	8	2	7	5	9
9	1	7	3	5	6	2	4	8
5	7	1	8	6	9	3	2	4
3	2	8	4	7	5	1	9	6
6	9	4	2	3	1	5	8	7
2	8	5	7	1	4	9	6	3
7	4	6	5	9	3	8	1	2
1	3	9	6	2	8	4	7	5

35

6	9	4	1	3	8	2	5	7
7	1	2	6	4	5	8	9	3
8	3	5	9	2	7	4	1	6
5	6	1	3	8	2	7	4	9
2	8	9	4	7	6	1	3	5
4	7	3	5	1	9	6	2	8
9	2	6	8	5	4	3	7	1
1	4	8	7	9	3	5	6	2
3	5	7	2	6	1	9	8	4

36

Sudoku Solution

4	5	1	3	7	8	6	2	9
7	3	9	6	2	5	8	1	4
8	6	2	9	1	4	3	5	7
5	9	4	2	3	6	1	7	8
6	2	7	4	8	1	5	9	3
3	1	8	5	9	7	2	4	6
1	7	5	8	6	9	4	3	2
9	8	3	1	4	2	7	6	5
2	4	6	7	5	3	9	8	1

37

3	5	4	2	7	6	8	9	1
2	7	8	9	1	4	5	6	3
1	6	9	8	3	5	4	7	2
6	4	1	5	8	9	3	2	7
5	9	2	7	4	3	1	8	6
8	3	7	1	6	2	9	5	4
4	1	5	6	2	8	7	3	9
9	2	3	4	5	7	6	1	8
7	8	6	3	9	1	2	4	5

38

4	1	3	7	8	9	6	5	2
2	7	8	5	6	1	9	3	4
5	6	9	4	3	2	8	1	7
9	5	6	2	7	4	3	8	1
7	3	2	1	5	8	4	6	9
1	8	4	3	9	6	7	2	5
8	2	5	9	4	3	1	7	6
3	4	7	6	1	5	2	9	8
6	9	1	8	2	7	5	4	3

39

4	1	5	9	8	2	7	3	6
8	2	3	6	7	5	1	4	9
9	6	7	1	3	4	2	5	8
7	4	6	8	1	3	5	9	2
1	3	2	5	9	6	4	8	7
5	9	8	4	2	7	3	6	1
6	7	9	3	4	1	8	2	5
3	5	1	2	6	8	9	7	4
2	8	4	7	5	9	6	1	3

40

8	2	1	3	4	9	7	6	5
3	5	7	6	1	2	9	8	4
9	6	4	8	7	5	3	1	2
5	1	9	2	3	4	6	7	8
7	8	2	9	5	6	1	4	3
4	3	6	1	8	7	5	2	9
2	9	8	7	6	3	4	5	1
1	7	5	4	9	8	2	3	6
6	4	3	5	2	1	8	9	7

41

5	3	7	9	1	6	4	2	8
6	8	9	3	2	4	7	1	5
2	4	1	8	7	5	6	3	9
1	7	8	4	9	3	5	6	2
3	6	4	1	5	2	8	9	7
9	5	2	7	6	8	3	4	1
4	9	6	2	8	7	1	5	3
7	2	5	6	3	1	9	8	4
8	1	3	5	4	9	2	7	6

42

9	7	5	4	3	2	6	1	8
8	6	2	5	7	1	9	3	4
1	4	3	9	8	6	7	2	5
3	1	6	2	5	9	8	4	7
2	8	7	3	6	4	5	9	1
4	5	9	7	1	8	3	6	2
6	9	8	1	2	7	4	5	3
5	2	4	8	9	3	1	7	6
7	3	1	6	4	5	2	8	9

43

4	8	9	7	6	2	1	5	3
5	3	2	8	1	9	4	6	7
1	7	6	3	5	4	8	9	2
9	4	7	1	2	5	3	8	6
6	5	8	9	7	3	2	4	1
3	2	1	4	8	6	9	7	5
7	9	3	5	4	1	6	2	8
8	6	4	2	3	7	5	1	9
2	1	5	6	9	8	7	3	4

44

3	5	7	2	4	9	1	6	8
6	4	8	5	1	3	7	9	2
2	9	1	6	8	7	3	4	5
7	8	2	1	5	4	6	3	9
4	3	5	9	2	6	8	1	7
1	6	9	7	3	8	2	5	4
9	2	6	3	7	5	4	8	1
5	7	4	8	6	1	9	2	3
8	1	3	4	9	2	5	7	6

45

2	3	6	5	4	8	1	9	7
1	5	9	2	3	7	4	8	6
4	7	8	9	6	1	3	5	2
9	4	5	7	1	2	8	6	3
8	1	7	6	5	3	9	2	4
3	6	2	4	8	9	7	1	5
5	8	1	3	2	4	6	7	9
7	2	4	8	9	6	5	3	1
6	9	3	1	7	5	2	4	8

46

7	6	9	2	5	4	8	3	1
8	2	5	9	1	3	4	6	7
3	1	4	8	7	6	5	2	9
9	5	6	4	2	7	3	1	8
1	7	3	6	8	5	2	9	4
4	8	2	3	9	1	6	7	5
5	4	1	7	3	2	9	8	6
6	3	8	1	4	9	7	5	2
2	9	7	5	6	8	1	4	3

47

1	6	4	3	8	5	9	2	7
2	7	8	1	9	6	4	3	5
9	3	5	2	4	7	6	1	8
7	8	9	6	3	2	1	5	4
4	1	2	5	7	8	3	9	6
6	5	3	9	1	4	8	7	2
5	2	1	8	6	3	7	4	9
8	9	7	4	5	1	2	6	3
3	4	6	7	2	9	5	8	1

48

Sudoku Solution

9	6	8	4	5	3	1	2	7
4	3	1	6	7	2	5	9	8
5	2	7	8	9	1	3	6	4
2	9	3	7	4	5	8	1	6
1	8	4	3	2	6	9	7	5
6	7	5	1	8	9	2	4	3
7	4	2	9	3	8	6	5	1
3	5	6	2	1	7	4	8	9
8	1	9	5	6	4	7	3	2

49

1	6	5	3	4	9	2	8	7
9	3	7	5	2	8	1	6	4
8	2	4	6	1	7	5	9	3
6	1	9	7	5	3	4	2	8
5	7	3	2	8	4	6	1	9
4	8	2	1	9	6	7	3	5
7	9	1	4	3	2	8	5	6
2	4	8	9	6	5	3	7	1
3	5	6	8	7	1	9	4	2

50

4	2	1	9	8	7	3	6	5
7	3	8	5	2	6	9	4	1
6	9	5	3	4	1	8	7	2
3	4	9	7	1	2	5	8	6
2	5	6	8	9	3	7	1	4
8	1	7	6	5	4	2	3	9
9	6	2	4	7	8	1	5	3
1	7	3	2	6	5	4	9	8
5	8	4	1	3	9	6	2	7

51

1	6	7	2	3	5	9	8	4
4	8	3	7	6	9	2	1	5
2	5	9	4	1	8	6	7	3
8	3	2	9	4	1	7	5	6
9	7	4	5	2	6	8	3	1
5	1	6	8	7	3	4	9	2
7	4	5	3	8	2	1	6	9
3	2	1	6	9	7	5	4	8
6	9	8	1	5	4	3	2	7

52

7	1	3	9	2	8	6	4	5
8	9	2	4	5	6	1	3	7
4	6	5	1	3	7	2	9	8
6	2	7	5	4	3	8	1	9
5	4	9	8	6	1	3	7	2
1	3	8	7	9	2	4	5	6
3	5	1	6	8	9	7	2	4
9	7	6	2	1	4	5	8	3
2	8	4	3	7	5	9	6	1

53

1	7	2	4	5	3	6	9	8
4	6	8	9	7	1	5	3	2
5	9	3	8	2	6	7	4	1
8	3	1	6	4	5	9	2	7
7	4	6	3	9	2	8	1	5
2	5	9	1	8	7	4	6	3
3	1	4	5	6	8	2	7	9
9	2	5	7	3	4	1	8	6
6	8	7	2	1	9	3	5	4

54

4	8	5	6	1	9	3	2	7
9	1	2	3	7	4	8	5	6
7	3	6	2	8	5	9	1	4
2	9	8	7	5	6	4	3	1
3	7	4	8	9	1	2	6	5
5	6	1	4	2	3	7	8	9
8	2	9	1	6	7	5	4	3
6	5	3	9	4	2	1	7	8
1	4	7	5	3	8	6	9	2

55

5	6	3	1	8	2	7	4	9
8	7	4	9	6	5	1	2	3
9	2	1	4	7	3	5	6	8
2	5	6	3	1	4	8	9	7
7	1	9	5	2	8	4	3	6
4	3	8	7	9	6	2	1	5
1	9	2	6	5	7	3	8	4
6	4	7	8	3	1	9	5	2
3	8	5	2	4	9	6	7	1

56

4	1	3	7	9	6	2	8	5
2	5	6	1	8	3	4	9	7
9	7	8	2	5	4	1	3	6
1	3	9	5	7	8	6	4	2
6	4	7	3	2	9	5	1	8
8	2	5	4	6	1	9	7	3
3	8	4	6	1	2	7	5	9
5	6	1	9	3	7	8	2	4
7	9	2	8	4	5	3	6	1

57

1	7	5	4	3	9	8	6	2
8	2	3	1	6	5	7	4	9
6	9	4	2	7	8	1	5	3
3	4	8	6	9	7	5	2	1
7	5	6	3	1	2	4	9	8
9	1	2	5	8	4	6	3	7
4	6	9	7	2	1	3	8	5
5	8	7	9	4	3	2	1	6
2	3	1	8	5	6	9	7	4

58

1	7	9	2	4	3	5	6	8
8	4	3	5	9	6	2	1	7
5	6	2	8	7	1	9	4	3
4	3	1	9	6	7	8	2	5
7	8	6	3	2	5	4	9	1
2	9	5	1	8	4	7	3	6
3	1	4	7	5	9	6	8	2
6	5	8	4	3	2	1	7	9
9	2	7	6	1	8	3	5	4

59

7	6	4	9	8	5	2	3	1
2	5	9	6	1	3	8	4	7
1	8	3	2	4	7	5	6	9
8	4	5	7	3	1	9	2	6
9	1	7	5	2	6	4	8	3
6	3	2	8	9	4	1	7	5
3	9	6	4	5	2	7	1	8
4	7	8	1	6	9	3	5	2
5	2	1	3	7	8	6	9	4

60

Sudoku Solution

4	2	5	7	1	3	8	9	6
3	8	1	5	6	9	2	7	4
6	7	9	4	8	2	3	1	5
9	6	4	8	5	7	1	2	3
7	1	3	2	4	6	9	5	8
2	5	8	9	3	1	4	6	7
5	9	2	3	7	4	6	8	1
8	4	6	1	9	5	7	3	2
1	3	7	6	2	8	5	4	9

61

1	4	6	8	3	2	9	7	5
3	9	5	6	4	7	1	8	2
2	7	8	1	9	5	4	3	6
6	1	2	4	5	8	7	9	3
9	8	7	3	6	1	2	5	4
5	3	4	2	7	9	6	1	8
8	2	3	9	1	4	5	6	7
4	5	9	7	8	6	3	2	1
7	6	1	5	2	3	8	4	9

62

4	5	6	8	3	9	7	1	2
1	7	9	6	2	5	8	3	4
8	3	2	7	4	1	9	6	5
7	2	4	3	9	6	1	5	8
5	9	1	2	8	7	3	4	6
3	6	8	1	5	4	2	9	7
2	4	5	9	1	8	6	7	3
6	1	3	5	7	2	4	8	9
9	8	7	4	6	3	5	2	1

63

7	3	9	6	4	5	2	8	1
2	1	5	3	8	9	4	7	6
4	8	6	7	2	1	3	5	9
5	2	3	8	1	6	9	4	7
8	9	4	5	7	3	6	1	2
1	6	7	2	9	4	5	3	8
6	5	1	9	3	7	8	2	4
3	4	2	1	6	8	7	9	5
9	7	8	4	5	2	1	6	3

64

5	6	3	2	7	4	1	9	8
1	8	7	9	3	6	5	4	2
4	2	9	5	1	8	6	3	7
6	5	4	8	2	9	7	1	3
9	3	1	6	5	7	2	8	4
2	7	8	1	4	3	9	6	5
7	1	6	3	8	2	4	5	9
8	9	2	4	6	5	3	7	1
3	4	5	7	9	1	8	2	6

65

7	1	3	8	5	4	6	2	9
2	6	5	9	7	1	4	8	3
4	8	9	6	3	2	7	1	5
5	3	2	4	1	7	9	6	8
8	4	7	5	6	9	1	3	2
1	9	6	2	8	3	5	4	7
6	5	4	7	2	8	3	9	1
9	2	1	3	4	5	8	7	6
3	7	8	1	9	6	2	5	4

66

5	6	2	7	3	1	8	9	4
9	4	7	6	5	8	1	3	2
1	8	3	4	9	2	5	6	7
4	5	9	3	8	7	2	1	6
2	7	8	1	4	6	3	5	9
3	1	6	9	2	5	7	4	8
6	2	1	5	7	4	9	8	3
7	9	4	8	1	3	6	2	5
8	3	5	2	6	9	4	7	1

67

7	4	2	3	9	5	8	6	1
6	9	1	4	7	8	5	2	3
3	5	8	1	6	2	4	7	9
5	8	4	2	1	3	6	9	7
9	1	3	7	5	6	2	8	4
2	6	7	9	8	4	1	3	5
1	2	9	8	4	7	3	5	6
8	7	6	5	3	1	9	4	2
4	3	5	6	2	9	7	1	8

68

7	4	1	6	2	5	8	3	9
8	5	6	3	7	9	1	4	2
3	9	2	8	4	1	5	6	7
1	3	7	5	8	2	6	9	4
2	8	9	4	6	7	3	5	1
5	6	4	1	9	3	2	7	8
6	7	5	2	1	4	9	8	3
4	2	8	9	3	6	7	1	5
9	1	3	7	5	8	4	2	6

69

4	7	5	3	9	6	2	1	8
1	2	8	7	4	5	3	6	9
3	9	6	1	8	2	7	4	5
2	1	4	9	5	3	8	7	6
6	5	7	2	1	8	9	3	4
9	8	3	4	6	7	5	2	1
8	6	2	5	3	4	1	9	7
5	3	9	6	7	1	4	8	2
7	4	1	8	2	9	6	5	3

70

7	3	1	8	9	5	4	6	2
9	8	6	1	2	4	5	3	7
4	2	5	7	6	3	1	8	9
2	1	8	9	7	6	3	4	5
6	5	9	4	3	2	8	7	1
3	7	4	5	8	1	9	2	6
8	6	2	3	1	9	7	5	4
5	9	7	2	4	8	6	1	3
1	4	3	6	5	7	2	9	8

71

5	4	7	2	6	9	1	3	8
3	6	9	8	1	4	5	2	7
2	8	1	7	3	5	9	4	6
6	7	3	1	5	2	4	8	9
4	2	5	9	7	8	3	6	1
1	9	8	3	4	6	7	5	2
7	1	2	5	8	3	6	9	4
9	5	4	6	2	7	8	1	3
8	3	6	4	9	1	2	7	5

72

Sudoku Solution

6	4	3	8	2	5	9	7	1
8	9	7	4	1	6	5	2	3
1	2	5	9	3	7	6	8	4
2	3	1	5	7	9	8	4	6
7	8	6	1	4	3	2	9	5
4	5	9	6	8	2	1	3	7
5	7	8	2	6	4	3	1	9
3	6	2	7	9	1	4	5	8
9	1	4	3	5	8	7	6	2

73

3	1	4	6	8	2	9	7	5
8	5	6	7	3	9	2	1	4
7	2	9	5	1	4	8	6	3
4	9	2	3	6	1	5	8	7
5	3	1	8	4	7	6	2	9
6	8	7	9	2	5	3	4	1
9	4	8	1	5	6	7	3	2
2	7	3	4	9	8	1	5	6
1	6	5	2	7	3	4	9	8

74

8	7	6	3	1	9	2	5	4
9	1	4	2	7	5	6	8	3
2	5	3	6	8	4	9	7	1
1	8	5	7	2	3	4	6	9
6	4	9	1	5	8	7	3	2
3	2	7	4	9	6	5	1	8
4	9	1	8	6	7	3	2	5
7	3	2	5	4	1	8	9	6
5	6	8	9	3	2	1	4	7

75

7	1	4	3	5	8	9	6	2
3	6	5	9	1	2	4	8	7
8	9	2	4	7	6	5	3	1
4	2	6	5	8	7	3	1	9
1	8	3	2	9	4	6	7	5
5	7	9	6	3	1	2	4	8
9	5	8	7	6	3	1	2	4
6	4	7	1	2	5	8	9	3
2	3	1	8	4	9	7	5	6

76

7	6	1	2	8	5	4	3	9
3	4	8	9	1	7	6	2	5
5	2	9	3	4	6	7	8	1
6	5	2	4	9	8	1	7	3
1	8	4	6	7	3	9	5	2
9	3	7	1	5	2	8	4	6
4	1	5	8	3	9	2	6	7
2	9	3	7	6	4	5	1	8
8	7	6	5	2	1	3	9	4

77

3	1	7	6	9	8	5	2	4
5	2	9	7	3	4	1	6	8
6	4	8	5	2	1	3	9	7
2	3	6	4	5	7	9	8	1
7	9	5	8	1	2	4	3	6
4	8	1	9	6	3	2	7	5
1	7	3	2	4	6	8	5	9
9	6	4	3	8	5	7	1	2
8	5	2	1	7	9	6	4	3

78

3	1	5	9	6	4	7	8	2
7	9	8	5	1	2	3	4	6
4	2	6	3	7	8	5	1	9
5	8	2	4	3	1	6	9	7
6	3	4	7	9	5	8	2	1
9	7	1	2	8	6	4	5	3
2	6	3	8	5	9	1	7	4
8	4	7	1	2	3	9	6	5
1	5	9	6	4	7	2	3	8

79

6	3	2	1	9	7	8	4	5
8	7	4	5	3	2	1	6	9
9	5	1	6	8	4	7	3	2
5	6	3	8	7	1	2	9	4
1	4	9	2	6	3	5	8	7
7	2	8	9	4	5	3	1	6
3	8	7	4	5	9	6	2	1
2	9	6	7	1	8	4	5	3
4	1	5	3	2	6	9	7	8

80

7	1	3	9	8	2	4	5	6
2	8	5	6	7	4	1	9	3
6	9	4	5	3	1	7	8	2
9	4	2	7	5	3	6	1	8
3	7	6	1	9	8	5	2	4
8	5	1	2	4	6	9	3	7
5	6	9	3	2	7	8	4	1
4	3	7	8	1	5	2	6	9
1	2	8	4	6	9	3	7	5

81

1	5	8	7	4	3	9	6	2
4	7	9	8	6	2	5	3	1
6	3	2	1	5	9	4	7	8
3	8	5	9	7	4	2	1	6
9	6	4	2	3	1	7	8	5
7	2	1	5	8	6	3	4	9
5	1	6	3	2	7	8	9	4
2	4	7	6	9	8	1	5	3
8	9	3	4	1	5	6	2	7

82

8	6	4	5	9	2	3	7	1
7	5	2	1	8	3	4	6	9
9	3	1	7	4	6	5	2	8
4	8	9	6	3	1	7	5	2
6	2	3	9	7	5	1	8	4
1	7	5	4	2	8	9	3	6
5	4	8	2	1	7	6	9	3
3	9	7	8	6	4	2	1	5
2	1	6	3	5	9	8	4	7

83

4	5	6	8	3	7	1	9	2
9	7	2	5	4	1	3	6	8
8	1	3	6	9	2	5	7	4
1	3	4	9	8	6	7	2	5
7	9	5	1	2	4	6	8	3
6	2	8	3	7	5	9	4	1
5	8	7	4	6	3	2	1	9
3	6	9	2	1	8	4	5	7
2	4	1	7	5	9	8	3	6

84

Sudoku Solution

3	1	5	9	6	4	7	8	2
7	9	8	5	1	2	3	4	6
4	2	6	3	7	8	5	1	9
5	8	2	4	3	1	6	9	7
6	3	4	7	9	5	8	2	1
9	7	1	2	8	6	4	5	3
2	6	3	8	5	9	1	7	4
8	4	7	1	2	3	9	6	5
1	5	9	6	4	7	2	3	8

85

6	3	4	7	9	5	2	8	1
9	1	5	6	2	8	3	4	7
8	7	2	1	4	3	9	5	6
2	4	1	8	3	6	7	9	5
7	6	3	4	5	9	8	1	2
5	9	8	2	7	1	6	3	4
3	2	9	5	6	4	1	7	8
1	5	6	3	8	7	4	2	9
4	8	7	9	1	2	5	6	3

86

6	8	2	9	4	3	5	1	7
1	7	4	5	6	2	8	3	9
9	3	5	1	7	8	4	2	6
8	2	9	3	1	5	6	7	4
4	6	3	7	8	9	1	5	2
5	1	7	6	2	4	9	8	3
7	9	8	2	5	6	3	4	1
3	5	1	4	9	7	2	6	8
2	4	6	8	3	1	7	9	5

87

6	1	7	9	3	8	4	2	5
8	4	3	6	5	2	7	9	1
5	9	2	4	1	7	6	3	8
4	3	6	8	7	1	2	5	9
9	2	1	3	6	5	8	7	4
7	8	5	2	9	4	1	6	3
1	6	8	5	2	3	9	4	7
2	5	4	7	8	9	3	1	6
3	7	9	1	4	6	5	8	2

88

4	2	8	1	3	6	7	9	5
9	5	6	4	2	7	1	3	8
3	1	7	5	9	8	2	6	4
6	8	1	9	7	4	3	5	2
2	9	4	3	8	5	6	1	7
7	3	5	2	6	1	8	4	9
5	4	3	7	1	2	9	8	6
8	7	9	6	5	3	4	2	1
1	6	2	8	4	9	5	7	3

89

9	8	7	6	1	2	5	3	4
3	5	6	8	7	4	1	2	9
4	1	2	3	5	9	6	7	8
7	6	4	9	8	5	3	1	2
2	3	8	1	6	7	4	9	5
1	9	5	2	4	3	8	6	7
6	7	1	5	9	8	2	4	3
8	2	9	4	3	1	7	5	6
5	4	3	7	2	6	9	8	1

90

5	7	3	8	4	2	9	6	1
6	1	8	5	9	7	2	3	4
4	2	9	6	3	1	8	7	5
2	8	5	7	6	4	3	1	9
3	6	7	1	2	9	5	4	8
1	9	4	3	8	5	6	2	7
9	5	2	4	7	6	1	8	3
7	3	1	2	5	8	4	9	6
8	4	6	9	1	3	7	5	2

91

2	9	6	7	3	5	1	8	4
3	8	4	1	9	6	2	7	5
7	1	5	2	4	8	3	9	6
9	5	7	3	6	2	4	1	8
8	4	2	9	7	1	6	5	3
1	6	3	8	5	4	9	2	7
4	2	1	5	8	3	7	6	9
6	7	8	4	2	9	5	3	1
5	3	9	6	1	7	8	4	2

92

2	1	8	4	9	5	3	7	6
3	7	5	8	6	2	4	9	1
4	9	6	1	3	7	8	5	2
7	6	9	3	2	4	1	8	5
1	3	4	5	8	6	7	2	9
8	5	2	7	1	9	6	3	4
9	2	1	6	7	8	5	4	3
5	8	3	2	4	1	9	6	7
6	4	7	9	5	3	2	1	8

93

1	8	9	2	6	3	4	5	7
6	5	7	4	1	8	9	2	3
2	4	3	5	7	9	6	1	8
7	9	5	6	8	4	1	3	2
8	6	2	9	3	1	7	4	5
4	3	1	7	2	5	8	6	9
5	7	4	1	9	2	3	8	6
9	2	8	3	4	6	5	7	1
3	1	6	8	5	7	2	9	4

94

4	6	8	1	9	2	7	3	5
9	2	7	4	3	5	6	8	1
1	3	5	7	8	6	2	9	4
6	7	9	2	4	3	1	5	8
2	8	4	5	7	1	9	6	3
5	1	3	8	6	9	4	2	7
3	5	2	6	1	4	8	7	9
8	9	1	3	2	7	5	4	6
7	4	6	9	5	8	3	1	2

95

4	5	1	7	9	8	3	2	6
2	6	9	1	3	4	7	8	5
3	7	8	6	5	2	9	1	4
9	4	3	2	8	6	1	5	7
6	1	2	5	4	7	8	9	3
7	8	5	9	1	3	6	4	2
5	9	4	3	7	1	2	6	8
8	3	6	4	2	9	5	7	1
1	2	7	8	6	5	4	3	9

96

Sudoku Solution

6	9	7	5	1	4	2	3	8
3	1	5	2	8	6	4	7	9
2	4	8	7	3	9	1	6	5
4	3	1	8	6	7	9	5	2
5	8	6	9	4	2	3	1	7
7	2	9	3	5	1	8	4	6
8	7	3	4	9	5	6	2	1
9	6	2	1	7	3	5	8	4
1	5	4	6	2	8	7	9	3

97

6	3	9	7	8	2	1	5	4
7	5	4	3	1	6	2	8	9
8	2	1	9	5	4	3	6	7
2	6	3	1	7	5	4	9	8
9	1	7	8	4	3	6	2	5
5	4	8	2	6	9	7	3	1
1	9	6	5	2	7	8	4	3
4	7	5	6	3	8	9	1	2
3	8	2	4	9	1	5	7	6

98

9	5	1	7	2	4	8	6	3
8	2	4	3	6	9	7	5	1
3	6	7	5	8	1	9	2	4
1	9	5	6	4	3	2	7	8
4	7	8	1	5	2	3	9	6
6	3	2	8	9	7	4	1	5
2	8	9	4	1	6	5	3	7
7	4	6	9	3	5	1	8	2
5	1	3	2	7	8	6	4	9

99

8	3	2	7	9	1	5	6	4
4	6	7	2	5	3	1	8	9
5	9	1	8	6	4	7	3	2
6	4	8	1	7	2	3	9	5
1	2	3	5	4	9	8	7	6
7	5	9	3	8	6	4	2	1
2	8	5	6	1	7	9	4	3
9	7	6	4	3	5	2	1	8
3	1	4	9	2	8	6	5	7

100

Sudoku Solution

2	8	6	4	9	7	1	5	3
3	4	1	5	2	8	7	9	6
7	9	5	1	3	6	4	2	8
5	1	8	3	6	9	2	4	7
4	3	7	8	5	2	9	6	1
6	2	9	7	1	4	8	3	5
1	7	2	6	4	5	3	8	9
9	5	3	2	8	1	6	7	4
8	6	4	9	7	3	5	1	2

101

3	5	4	2	6	8	7	1	9
2	8	7	1	3	9	5	6	4
1	6	9	4	7	5	8	2	3
4	1	5	3	9	7	6	8	2
7	9	3	6	8	2	4	5	1
8	2	6	5	1	4	9	3	7
5	7	2	8	4	1	3	9	6
6	4	8	9	2	3	1	7	5
9	3	1	7	5	6	2	4	8

102

3	5	2	7	8	6	4	1	9
8	4	9	3	2	1	7	6	5
1	6	7	9	5	4	2	3	8
7	8	5	1	9	2	3	4	6
2	1	4	6	3	8	5	9	7
6	9	3	5	4	7	8	2	1
4	7	6	8	1	3	9	5	2
5	3	1	2	7	9	6	8	4
9	2	8	4	6	5	1	7	3

103

1	9	5	2	6	4	7	8	3
3	4	6	8	7	9	1	2	5
7	2	8	3	1	5	4	9	6
9	1	2	7	3	6	5	4	8
5	8	3	4	2	1	9	6	7
6	7	4	9	5	8	3	1	2
2	6	1	5	9	7	8	3	4
4	3	7	1	8	2	6	5	9
8	5	9	6	4	3	2	7	1

104

1	3	9	5	4	6	7	8	2
7	5	2	1	9	8	4	6	3
8	4	6	7	3	2	9	5	1
4	6	5	3	7	9	1	2	8
2	1	3	8	6	4	5	7	9
9	7	8	2	1	5	3	4	6
3	8	1	4	2	7	6	9	5
5	9	7	6	8	3	2	1	4
6	2	4	9	5	1	8	3	7

105

7	5	3	4	1	8	6	2	9
2	6	1	9	5	3	7	4	8
8	4	9	7	2	6	1	3	5
4	9	8	1	3	5	2	7	6
6	3	5	2	8	7	9	1	4
1	7	2	6	4	9	5	8	3
3	1	7	5	9	4	8	6	2
5	2	4	8	6	1	3	9	7
9	8	6	3	7	2	4	5	1

106

9	8	6	7	4	1	2	5	3
1	4	5	9	2	3	6	7	8
7	3	2	6	5	8	4	9	1
2	5	3	1	6	7	8	4	9
4	7	8	5	9	2	3	1	6
6	1	9	8	3	4	5	2	7
8	2	4	3	7	9	1	6	5
3	6	7	4	1	5	9	8	2
5	9	1	2	8	6	7	3	4

107

7	3	4	2	9	6	5	1	8
1	6	9	5	7	8	2	3	4
8	2	5	3	1	4	6	9	7
6	9	3	7	2	5	8	4	1
4	8	7	6	3	1	9	5	2
5	1	2	4	8	9	3	7	6
9	5	8	1	6	7	4	2	3
3	4	1	8	5	2	7	6	9
2	7	6	9	4	3	1	8	5

108

1	7	9	5	4	2	8	6	3
5	4	6	8	9	3	7	2	1
3	2	8	7	1	6	4	5	9
4	9	5	2	3	1	6	8	7
8	3	7	4	6	5	9	1	2
2	6	1	9	8	7	3	4	5
7	5	4	3	2	8	1	9	6
9	1	3	6	5	4	2	7	8
6	8	2	1	7	9	5	3	4

109

1	7	6	4	9	8	3	2	5
4	2	3	6	1	5	8	9	7
5	8	9	3	7	2	1	4	6
7	3	5	9	2	1	4	6	8
6	9	2	7	8	4	5	3	1
8	1	4	5	3	6	2	7	9
3	4	8	1	6	9	7	5	2
2	6	7	8	5	3	9	1	4
9	5	1	2	4	7	6	8	3

110

1	8	6	7	9	5	2	4	3
5	4	7	3	1	2	8	9	6
3	9	2	6	8	4	7	1	5
6	2	9	8	3	7	4	5	1
4	3	5	2	6	1	9	7	8
8	7	1	4	5	9	6	3	2
7	5	3	9	2	6	1	8	4
2	1	4	5	7	8	3	6	9
9	6	8	1	4	3	5	2	7

111

2	1	6	7	8	9	4	5	3
3	8	9	5	6	4	2	1	7
4	5	7	2	1	3	6	8	9
7	3	4	8	5	1	9	6	2
9	2	8	6	4	7	5	3	1
5	6	1	9	3	2	7	4	8
8	4	2	3	9	6	1	7	5
1	9	3	4	7	5	8	2	6
6	7	5	1	2	8	3	9	4

112

Sudoku Solution

5	2	4	8	3	9	7	6	1
8	1	3	7	6	5	9	4	2
9	7	6	1	2	4	5	8	3
1	6	5	3	4	7	8	2	9
4	8	2	9	1	6	3	7	5
3	9	7	5	8	2	6	1	4
6	4	9	2	7	3	1	5	8
2	5	1	6	9	8	4	3	7
7	3	8	4	5	1	2	9	6

113

3	1	4	7	9	8	6	5	2
2	8	6	5	4	3	7	1	9
7	9	5	6	2	1	8	4	3
8	5	3	2	1	6	9	7	4
4	7	1	8	3	9	2	6	5
9	6	2	4	5	7	1	3	8
6	4	7	9	8	5	3	2	1
5	3	9	1	7	2	4	8	6
1	2	8	3	6	4	5	9	7

114

3	4	7	2	9	8	1	6	5
6	1	8	4	3	5	9	7	2
5	2	9	1	7	6	8	3	4
4	9	1	5	6	3	7	2	8
8	5	6	9	2	7	4	1	3
7	3	2	8	1	4	5	9	6
9	8	3	6	4	1	2	5	7
2	6	4	7	5	9	3	8	1
1	7	5	3	8	2	6	4	9

115

3	6	9	4	8	2	1	5	7
7	2	8	3	1	5	9	6	4
4	1	5	6	7	9	2	3	8
2	9	1	5	4	3	7	8	6
8	4	6	9	2	7	5	1	3
5	7	3	1	6	8	4	2	9
6	5	2	8	9	4	3	7	1
9	8	7	2	3	1	6	4	5
1	3	4	7	5	6	8	9	2

116

9	5	4	3	8	7	2	6	1
2	3	7	6	9	1	5	4	8
1	6	8	5	2	4	3	7	9
4	9	1	2	6	5	8	3	7
6	8	2	7	3	9	1	5	4
3	7	5	4	1	8	6	9	2
8	1	3	9	4	6	7	2	5
7	2	9	1	5	3	4	8	6
5	4	6	8	7	2	9	1	3

117

3	2	4	8	6	9	5	1	7
8	1	7	5	3	4	6	2	9
9	6	5	2	7	1	8	3	4
1	7	2	6	4	8	3	9	5
5	8	3	1	9	7	2	4	6
6	4	9	3	2	5	1	7	8
7	5	8	4	1	3	9	6	2
4	3	6	9	8	2	7	5	1
2	9	1	7	5	6	4	8	3

118

6	3	1	9	5	2	7	4	8
5	9	8	4	7	1	3	2	6
4	2	7	6	8	3	9	1	5
2	4	3	1	9	5	6	8	7
7	5	9	8	2	6	4	3	1
1	8	6	7	3	4	2	5	9
8	6	2	3	1	7	5	9	4
3	1	4	5	6	9	8	7	2
9	7	5	2	4	8	1	6	3

119

3	9	1	5	8	6	7	4	2
2	4	6	7	1	9	5	3	8
8	7	5	2	3	4	9	1	6
9	3	4	8	5	2	6	7	1
1	6	7	4	9	3	2	8	5
5	8	2	6	7	1	4	9	3
6	5	9	3	4	8	1	2	7
4	2	3	1	6	7	8	5	9
7	1	8	9	2	5	3	6	4

120

2	7	3	6	4	9	1	8	5
4	6	8	5	3	1	7	2	9
5	1	9	2	8	7	4	3	6
7	3	4	8	5	6	9	1	2
6	9	2	1	7	4	8	5	3
1	8	5	3	9	2	6	7	4
3	4	6	7	1	5	2	9	8
8	2	7	9	6	3	5	4	1
9	5	1	4	2	8	3	6	7

121

1	6	8	2	9	4	5	7	3
9	7	2	8	5	3	1	6	4
4	5	3	7	1	6	9	2	8
6	9	4	1	2	7	3	8	5
2	3	1	5	4	8	6	9	7
7	8	5	6	3	9	4	1	2
8	1	7	3	6	5	2	4	9
5	4	6	9	8	2	7	3	1
3	2	9	4	7	1	8	5	6

122

3	6	4	7	8	1	5	2	9
2	9	7	5	6	3	8	4	1
1	5	8	2	4	9	3	6	7
8	2	3	1	9	6	4	7	5
7	1	9	3	5	4	6	8	2
5	4	6	8	2	7	1	9	3
6	7	2	4	3	5	9	1	8
9	8	5	6	1	2	7	3	4
4	3	1	9	7	8	2	5	6

123

5	6	4	2	3	7	9	1	8
3	9	1	5	8	6	4	2	7
2	7	8	4	1	9	6	5	3
1	2	5	3	4	8	7	9	6
7	4	6	1	9	5	3	8	2
9	8	3	6	7	2	1	4	5
4	3	2	7	5	1	8	6	9
6	1	9	8	2	3	5	7	4
8	5	7	9	6	4	2	3	1

124

Sudoku Solution

7	1	2	9	3	8	6	5	4
5	8	4	7	6	1	2	3	9
3	9	6	2	4	5	8	1	7
2	4	7	3	1	6	9	8	5
1	3	8	5	9	2	4	7	6
9	6	5	8	7	4	3	2	1
4	5	3	1	8	9	7	6	2
6	7	1	4	2	3	5	9	8
8	2	9	6	5	7	1	4	3

125

4	6	2	3	1	5	7	8	9
8	9	5	2	7	4	1	3	6
1	3	7	8	9	6	4	2	5
6	1	4	9	3	8	2	5	7
5	2	8	7	4	1	6	9	3
3	7	9	5	6	2	8	1	4
2	5	3	6	8	7	9	4	1
9	4	6	1	2	3	5	7	8
7	8	1	4	5	9	3	6	2

126

5	9	8	6	1	3	4	7	2
1	6	7	4	2	8	3	9	5
3	2	4	5	7	9	6	8	1
7	5	3	1	9	4	8	2	6
8	1	6	7	3	2	9	5	4
2	4	9	8	5	6	7	1	3
6	8	2	9	4	1	5	3	7
9	7	1	3	6	5	2	4	8
4	3	5	2	8	7	1	6	9

127

6	3	7	1	4	8	2	5	9
5	1	4	6	9	2	3	7	8
8	2	9	7	5	3	1	6	4
2	6	1	3	8	5	9	4	7
7	5	3	9	6	4	8	1	2
4	9	8	2	7	1	6	3	5
1	7	2	5	3	9	4	8	6
9	8	6	4	1	7	5	2	3
3	4	5	8	2	6	7	9	1

128

1	9	5	6	3	2	4	8	7
6	8	2	9	7	4	3	1	5
3	4	7	5	8	1	2	6	9
4	7	1	8	2	6	9	5	3
9	3	6	7	4	5	1	2	8
5	2	8	1	9	3	6	7	4
7	6	4	3	1	8	5	9	2
2	1	9	4	5	7	8	3	6
8	5	3	2	6	9	7	4	1

129

1	6	3	5	7	9	2	4	8
8	2	5	6	1	4	7	9	3
7	9	4	8	3	2	6	5	1
3	8	9	1	2	7	5	6	4
6	4	2	3	9	5	1	8	7
5	7	1	4	6	8	9	3	2
2	5	8	9	4	1	3	7	6
4	3	7	2	5	6	8	1	9
9	1	6	7	8	3	4	2	5

130

1	4	7	3	6	2	8	5	9
6	9	8	1	4	5	2	3	7
5	3	2	9	7	8	1	4	6
2	8	1	5	9	7	4	6	3
9	5	6	4	3	1	7	8	2
3	7	4	8	2	6	5	9	1
8	1	3	2	5	9	6	7	4
4	6	5	7	1	3	9	2	8
7	2	9	6	8	4	3	1	5

131

5	4	8	9	2	1	6	7	3
9	7	1	6	3	5	4	2	8
2	3	6	8	7	4	5	9	1
1	8	2	7	4	9	3	5	6
3	6	9	5	1	2	8	4	7
4	5	7	3	8	6	2	1	9
6	1	5	4	9	8	7	3	2
7	9	4	2	6	3	1	8	5
8	2	3	1	5	7	9	6	4

132

2	9	5	6	4	8	3	1	7
6	8	7	5	3	1	2	9	4
4	1	3	9	2	7	8	5	6
3	5	6	2	1	9	4	7	8
8	4	2	7	5	6	9	3	1
9	7	1	3	8	4	6	2	5
1	3	9	8	6	5	7	4	2
5	2	8	4	7	3	1	6	9
7	6	4	1	9	2	5	8	3

133

4	6	8	1	2	9	7	3	5
3	5	9	8	6	7	1	4	2
1	7	2	5	4	3	9	6	8
8	1	6	2	7	4	5	9	3
2	9	5	6	3	1	4	8	7
7	3	4	9	8	5	2	1	6
5	4	3	7	9	6	8	2	1
6	2	7	4	1	8	3	5	9
9	8	1	3	5	2	6	7	4

134

5	9	8	6	2	7	1	3	4
4	2	6	9	3	1	5	8	7
1	3	7	4	5	8	2	6	9
3	7	4	2	6	5	8	9	1
8	5	2	1	7	9	6	4	3
9	6	1	3	8	4	7	2	5
2	8	5	7	9	3	4	1	6
6	1	9	5	4	2	3	7	8
7	4	3	8	1	6	9	5	2

135

9	8	6	1	2	7	4	3	5
5	4	7	6	8	3	1	2	9
3	2	1	9	5	4	8	7	6
8	7	5	2	6	1	3	9	4
4	6	2	3	9	8	5	1	7
1	9	3	4	7	5	2	6	8
6	5	8	7	3	2	9	4	1
2	1	9	5	4	6	7	8	3
7	3	4	8	1	9	6	5	2

136

Sudoku Solution

3	7	1	2	9	4	8	6	5
6	5	4	8	3	7	1	9	2
8	2	9	1	6	5	7	3	4
4	6	2	5	8	9	3	1	7
9	1	8	7	2	3	5	4	6
7	3	5	4	1	6	2	8	9
5	9	6	3	7	8	4	2	1
1	4	3	6	5	2	9	7	8
2	8	7	9	4	1	6	5	3

137

6	9	2	8	4	3	1	5	7
8	7	5	2	9	1	4	3	6
3	1	4	6	7	5	2	8	9
9	4	1	7	3	2	5	6	8
2	6	7	4	5	8	3	9	1
5	3	8	9	1	6	7	2	4
7	8	3	1	2	9	6	4	5
1	2	6	5	8	4	9	7	3
4	5	9	3	6	7	8	1	2

138

5	1	4	6	2	8	7	9	3
3	9	8	1	7	5	4	6	2
6	2	7	3	4	9	1	5	8
2	3	9	7	1	4	6	8	5
7	8	5	9	3	6	2	1	4
4	6	1	5	8	2	3	7	9
9	5	2	4	6	1	8	3	7
1	4	3	8	5	7	9	2	6
8	7	6	2	9	3	5	4	1

139

7	4	6	9	3	1	5	2	8
8	3	1	5	2	7	4	9	6
5	2	9	4	8	6	7	3	1
1	9	8	7	5	4	2	6	3
6	7	3	1	9	2	8	4	5
2	5	4	8	6	3	1	7	9
3	1	2	6	4	5	9	8	7
4	8	5	3	7	9	6	1	2
9	6	7	2	1	8	3	5	4

140

8	5	7	1	6	3	2	9	4
2	1	6	8	4	9	7	5	3
4	3	9	2	5	7	1	6	8
3	8	5	9	7	4	6	2	1
6	4	2	5	1	8	9	3	7
7	9	1	3	2	6	4	8	5
9	2	4	7	3	5	8	1	6
1	7	3	6	8	2	5	4	9
5	6	8	4	9	1	3	7	2

141

1	4	7	5	2	6	3	8	9
2	8	9	4	1	3	7	5	6
3	6	5	8	9	7	4	2	1
6	7	2	3	4	1	5	9	8
9	5	1	7	8	2	6	3	4
8	3	4	6	5	9	1	7	2
7	1	8	9	6	5	2	4	3
4	2	3	1	7	8	9	6	5
5	9	6	2	3	4	8	1	7

142

5	9	3	4	2	6	7	1	8
4	2	7	8	1	3	9	6	5
8	1	6	7	9	5	4	3	2
1	5	4	9	8	7	6	2	3
3	6	9	2	5	4	8	7	1
2	7	8	3	6	1	5	4	9
9	8	1	6	7	2	3	5	4
7	4	5	1	3	9	2	8	6
6	3	2	5	4	8	1	9	7

143

1	6	9	3	4	2	7	5	8
5	7	4	9	1	8	3	2	6
8	2	3	6	7	5	9	1	4
2	8	6	4	3	1	5	9	7
3	4	5	7	2	9	8	6	1
9	1	7	8	5	6	4	3	2
6	3	2	5	8	4	1	7	9
7	9	8	1	6	3	2	4	5
4	5	1	2	9	7	6	8	3

144

1	5	7	9	6	2	4	3	8
4	9	2	5	3	8	6	7	1
8	6	3	7	1	4	2	5	9
6	1	9	3	2	7	8	4	5
5	7	8	1	4	6	9	2	3
3	2	4	8	5	9	1	6	7
7	4	1	6	8	3	5	9	2
2	3	5	4	9	1	7	8	6
9	8	6	2	7	5	3	1	4

145

6	4	9	8	1	5	7	2	3
2	5	7	6	4	3	1	9	8
1	8	3	7	2	9	5	4	6
9	6	4	1	3	2	8	5	7
7	3	1	5	8	4	2	6	9
5	2	8	9	6	7	4	3	1
8	1	5	2	9	6	3	7	4
3	9	2	4	7	1	6	8	5
4	7	6	3	5	8	9	1	2

146

1	7	3	4	5	6	8	9	2
9	2	5	3	8	1	7	6	4
4	6	8	7	2	9	3	5	1
3	9	1	5	4	7	2	8	6
6	5	4	2	9	8	1	3	7
7	8	2	6	1	3	9	4	5
5	4	7	8	3	2	6	1	9
2	3	9	1	6	5	4	7	8
8	1	6	9	7	4	5	2	3

147

4	3	5	7	8	6	1	9	2
9	2	1	3	4	5	8	6	7
7	6	8	9	1	2	5	4	3
6	1	3	2	9	8	7	5	4
5	9	4	1	7	3	6	2	8
2	8	7	5	6	4	3	1	9
8	4	2	6	3	1	9	7	5
1	5	9	8	2	7	4	3	6
3	7	6	4	5	9	2	8	1

148

Sudoku Solution

4	8	2	9	3	7	1	5	6
6	3	5	1	8	4	2	9	7
9	7	1	5	2	6	3	4	8
1	2	3	4	7	9	6	8	5
8	5	4	6	1	3	7	2	9
7	6	9	2	5	8	4	1	3
2	9	6	3	4	5	8	7	1
3	4	7	8	9	1	5	6	2
5	1	8	7	6	2	9	3	4

149

7	3	4	9	1	8	2	5	6
9	1	6	2	3	5	7	4	8
5	2	8	7	4	6	9	3	1
3	7	2	8	9	4	6	1	5
4	5	9	3	6	1	8	7	2
8	6	1	5	2	7	3	9	4
6	8	7	4	5	9	1	2	3
2	9	5	1	8	3	4	6	7
1	4	3	6	7	2	5	8	9

150

7	1	8	4	6	5	3	2	9
3	5	4	2	7	9	8	6	1
2	6	9	3	8	1	4	7	5
6	9	3	8	4	2	1	5	7
8	2	1	6	5	7	9	3	4
5	4	7	1	9	3	2	8	6
1	7	2	5	3	4	6	9	8
4	8	5	9	2	6	7	1	3
9	3	6	7	1	8	5	4	2

151

3	7	6	1	5	4	8	2	9
1	4	2	3	9	8	7	6	5
5	8	9	6	2	7	4	3	1
2	9	7	8	3	6	5	1	4
8	6	5	4	1	9	2	7	3
4	3	1	5	7	2	6	9	8
6	1	3	2	8	5	9	4	7
9	5	4	7	6	1	3	8	2
7	2	8	9	4	3	1	5	6

152

1	4	5	9	7	8	6	3	2
2	8	7	3	1	6	4	9	5
6	3	9	2	5	4	8	1	7
7	1	2	4	9	5	3	6	8
8	6	4	1	3	7	2	5	9
5	9	3	8	6	2	1	7	4
3	2	1	5	8	9	7	4	6
4	5	6	7	2	1	9	8	3
9	7	8	6	4	3	5	2	1

153

2	9	6	8	4	1	3	7	5
1	4	5	9	3	7	8	2	6
8	7	3	6	5	2	4	9	1
6	5	8	2	1	3	9	4	7
3	2	4	7	6	9	1	5	8
9	1	7	5	8	4	2	6	3
7	3	2	1	9	5	6	8	4
5	6	1	4	2	8	7	3	9
4	8	9	3	7	6	5	1	2

154

4	2	9	5	1	6	7	3	8
7	5	6	3	8	2	9	1	4
3	8	1	7	9	4	6	2	5
6	3	5	8	4	7	1	9	2
9	7	2	6	5	1	4	8	3
8	1	4	2	3	9	5	6	7
2	4	3	9	6	5	8	7	1
5	9	7	1	2	8	3	4	6
1	6	8	4	7	3	2	5	9

155

3	2	5	8	4	9	7	6	1
8	7	6	5	3	1	9	4	2
1	4	9	7	2	6	8	3	5
4	5	1	9	7	3	6	2	8
9	6	2	4	5	8	1	7	3
7	8	3	1	6	2	4	5	9
2	1	4	3	9	7	5	8	6
5	3	8	6	1	4	2	9	7
6	9	7	2	8	5	3	1	4

156

9	3	1	4	5	6	2	7	8
2	5	6	7	9	8	4	3	1
7	4	8	3	1	2	9	5	6
3	2	4	6	8	7	5	1	9
5	8	7	1	4	9	3	6	2
1	6	9	5	2	3	8	4	7
4	7	2	8	3	1	6	9	5
8	1	3	9	6	5	7	2	4
6	9	5	2	7	4	1	8	3

157

7	6	3	4	8	5	2	1	9
1	5	8	2	9	7	6	3	4
9	2	4	3	1	6	5	8	7
3	9	6	1	4	2	7	5	8
5	1	2	9	7	8	4	6	3
8	4	7	5	6	3	1	9	2
4	3	9	6	2	1	8	7	5
2	7	1	8	5	9	3	4	6
6	8	5	7	3	4	9	2	1

158

4	6	2	9	7	8	1	5	3
5	3	8	4	1	2	7	6	9
7	1	9	5	6	3	2	4	8
3	2	4	7	5	6	9	8	1
9	5	7	8	4	1	3	2	6
1	8	6	2	3	9	4	7	5
8	4	3	1	2	5	6	9	7
6	7	5	3	9	4	8	1	2
2	9	1	6	8	7	5	3	4

159

2	7	3	5	1	9	4	8	6
4	1	9	8	3	6	5	2	7
6	5	8	4	7	2	3	1	9
1	6	2	3	4	5	7	9	8
3	4	7	9	2	8	1	6	5
8	9	5	7	6	1	2	4	3
5	2	1	6	8	7	9	3	4
9	8	4	1	5	3	6	7	2
7	3	6	2	9	4	8	5	1

160

Sudoku Solution

9	6	1	3	7	4	8	5	2
7	2	3	8	9	5	6	1	4
8	5	4	2	1	6	7	3	9
1	3	2	4	6	7	9	8	5
5	7	8	9	3	1	4	2	6
4	9	6	5	8	2	1	7	3
6	8	5	7	2	9	3	4	1
2	1	7	6	4	3	5	9	8
3	4	9	1	5	8	2	6	7

161

1	4	3	8	6	2	5	7	9
6	5	7	3	9	1	2	4	8
2	9	8	7	5	4	3	6	1
4	6	9	1	2	7	8	5	3
7	3	5	4	8	9	6	1	2
8	1	2	6	3	5	4	9	7
5	8	6	9	7	3	1	2	4
9	2	1	5	4	8	7	3	6
3	7	4	2	1	6	9	8	5

162

4	1	2	6	5	8	9	7	3
8	6	7	9	1	3	5	4	2
3	5	9	7	2	4	8	6	1
1	7	6	2	3	9	4	5	8
2	4	5	8	7	1	6	3	9
9	8	3	4	6	5	1	2	7
7	2	4	1	8	6	3	9	5
6	3	1	5	9	7	2	8	4
5	9	8	3	4	2	7	1	6

163

1	9	6	5	4	7	8	2	3
5	2	7	1	8	3	9	6	4
4	8	3	9	2	6	5	7	1
7	3	1	6	9	4	2	8	5
8	6	2	7	1	5	4	3	9
9	4	5	8	3	2	7	1	6
6	7	8	4	5	1	3	9	2
2	1	4	3	7	9	6	5	8
3	5	9	2	6	8	1	4	7

164

1	2	5	8	9	3	4	6	7
9	3	7	6	5	4	2	1	8
4	8	6	2	1	7	5	3	9
3	5	1	7	4	9	6	8	2
8	7	2	1	6	5	3	9	4
6	9	4	3	8	2	7	5	1
5	6	9	4	2	8	1	7	3
2	1	3	9	7	6	8	4	5
7	4	8	5	3	1	9	2	6

165

6	5	1	3	2	7	8	9	4
2	3	9	4	8	5	7	6	1
8	7	4	1	9	6	5	3	2
4	9	7	6	1	8	3	2	5
5	8	2	9	3	4	6	1	7
3	1	6	7	5	2	9	4	8
9	2	5	8	4	3	1	7	6
1	6	8	2	7	9	4	5	3
7	4	3	5	6	1	2	8	9

166

4	5	8	6	3	9	1	7	2
1	6	2	4	5	7	3	9	8
3	7	9	1	8	2	6	5	4
8	2	6	3	7	4	5	1	9
5	1	3	9	2	6	8	4	7
7	9	4	5	1	8	2	3	6
9	8	1	2	4	3	7	6	5
6	3	7	8	9	5	4	2	1
2	4	5	7	6	1	9	8	3

167

4	7	8	5	3	9	6	2	1
5	2	9	7	1	6	4	8	3
6	3	1	8	4	2	7	9	5
3	8	6	1	9	5	2	4	7
7	5	2	4	8	3	9	1	6
9	1	4	2	6	7	5	3	8
2	6	3	9	7	8	1	5	4
1	9	7	3	5	4	8	6	2
8	4	5	6	2	1	3	7	9

168

3	1	2	9	7	4	5	8	6
6	5	7	2	8	1	4	3	9
9	4	8	6	5	3	7	1	2
4	2	5	3	6	8	1	9	7
7	3	9	1	4	5	6	2	8
8	6	1	7	2	9	3	5	4
5	7	3	4	9	2	8	6	1
1	9	4	8	3	6	2	7	5
2	8	6	5	1	7	9	4	3

169

7	2	4	3	5	6	9	8	1
5	8	3	2	1	9	6	4	7
1	6	9	7	4	8	2	5	3
2	3	1	8	9	7	4	6	5
9	4	7	1	6	5	8	3	2
6	5	8	4	3	2	7	1	9
8	1	6	9	2	3	5	7	4
3	9	5	6	7	4	1	2	8
4	7	2	5	8	1	3	9	6

170

3	9	6	1	7	8	2	4	5
8	2	5	6	9	4	3	1	7
4	7	1	2	5	3	6	9	8
7	6	8	5	2	1	4	3	9
9	3	4	7	8	6	1	5	2
5	1	2	4	3	9	7	8	6
1	5	7	8	4	2	9	6	3
2	4	3	9	6	5	8	7	1
6	8	9	3	1	7	5	2	4

171

3	4	5	8	6	2	7	9	1
7	8	1	5	9	3	6	4	2
9	2	6	4	1	7	5	3	8
4	7	2	1	8	9	3	5	6
6	1	9	2	3	5	4	8	7
8	5	3	7	4	6	1	2	9
1	9	7	3	5	8	2	6	4
2	3	8	6	7	4	9	1	5
5	6	4	9	2	1	8	7	3

172

Sudoku Solution

9	3	8	6	4	5	7	1	2
2	6	1	7	8	3	9	5	4
7	5	4	9	2	1	3	6	8
5	8	9	3	7	2	1	4	6
6	2	3	8	1	4	5	7	9
4	1	7	5	6	9	8	2	3
8	7	2	1	3	6	4	9	5
3	9	6	4	5	7	2	8	1
1	4	5	2	9	8	6	3	7

173

4	8	3	6	5	1	2	7	9
7	1	9	2	4	3	6	5	8
2	6	5	7	8	9	4	3	1
9	2	6	1	3	8	7	4	5
8	3	1	4	7	5	9	2	6
5	7	4	9	6	2	1	8	3
3	9	7	5	2	6	8	1	4
1	5	2	8	9	4	3	6	7
6	4	8	3	1	7	5	9	2

174

3	6	8	4	1	9	7	5	2
2	7	1	5	3	8	9	6	4
5	4	9	6	2	7	8	3	1
7	8	5	1	4	3	2	9	6
1	9	2	8	6	5	3	4	7
6	3	4	9	7	2	1	8	5
8	1	6	7	9	4	5	2	3
9	2	7	3	5	6	4	1	8
4	5	3	2	8	1	6	7	9

175

9	6	5	7	8	1	2	3	4
4	1	7	5	3	2	8	9	6
3	8	2	4	6	9	1	7	5
1	5	9	8	7	4	6	2	3
6	7	8	2	5	3	9	4	1
2	4	3	9	1	6	7	5	8
8	2	4	1	9	5	3	6	7
5	3	1	6	2	7	4	8	9
7	9	6	3	4	8	5	1	2

176

8	7	3	1	9	6	2	5	4
2	9	1	5	4	3	8	7	6
4	6	5	7	2	8	3	1	9
1	5	7	3	6	2	9	4	8
3	8	2	9	7	4	5	6	1
9	4	6	8	5	1	7	2	3
6	3	8	2	1	5	4	9	7
7	2	4	6	3	9	1	8	5
5	1	9	4	8	7	6	3	2

177

3	7	4	8	6	1	2	5	9
9	8	2	5	3	7	6	1	4
5	1	6	2	4	9	7	8	3
6	5	8	9	7	4	1	3	2
1	9	7	3	2	8	5	4	6
4	2	3	6	1	5	8	9	7
2	4	9	1	5	6	3	7	8
7	3	1	4	8	2	9	6	5
8	6	5	7	9	3	4	2	1

178

6	5	9	4	1	2	7	3	8
8	3	1	6	5	7	4	2	9
4	7	2	3	9	8	6	1	5
9	4	5	7	3	6	1	8	2
3	2	6	5	8	1	9	7	4
1	8	7	2	4	9	5	6	3
2	6	8	9	7	5	3	4	1
5	1	3	8	6	4	2	9	7
7	9	4	1	2	3	8	5	6

179

6	3	2	5	7	8	1	4	9
8	9	5	1	4	3	7	2	6
4	1	7	6	9	2	8	5	3
3	6	9	7	8	5	4	1	2
7	2	1	4	3	9	5	6	8
5	4	8	2	6	1	9	3	7
9	7	4	3	5	6	2	8	1
1	5	3	8	2	7	6	9	4
2	8	6	9	1	4	3	7	5

180

6	3	2	7	8	4	1	5	9
7	4	5	6	9	1	2	8	3
1	9	8	2	5	3	7	4	6
3	1	7	4	6	5	8	9	2
2	5	4	8	7	9	6	3	1
8	6	9	1	3	2	5	7	4
9	8	3	5	1	6	4	2	7
5	2	1	9	4	7	3	6	8
4	7	6	3	2	8	9	1	5

181

6	4	8	2	1	3	5	9	7
1	9	5	7	4	8	2	6	3
3	7	2	6	5	9	4	1	8
7	5	3	8	6	4	1	2	9
8	1	4	9	3	2	6	7	5
2	6	9	1	7	5	3	8	4
5	2	1	3	9	7	8	4	6
9	3	6	4	8	1	7	5	2
4	8	7	5	2	6	9	3	1

182

9	6	1	2	4	5	8	3	7
2	4	3	7	1	8	6	5	9
7	5	8	9	6	3	4	2	1
4	8	9	6	2	1	3	7	5
3	1	7	5	8	4	2	9	6
6	2	5	3	7	9	1	4	8
1	7	2	4	5	6	9	8	3
8	3	4	1	9	7	5	6	2
5	9	6	8	3	2	7	1	4

183

4	6	2	3	7	8	1	5	9
9	8	7	1	4	5	6	3	2
1	3	5	2	6	9	8	4	7
7	1	3	4	8	6	9	2	5
5	4	8	9	2	1	7	6	3
2	9	6	5	3	7	4	1	8
8	7	4	6	5	2	3	9	1
3	5	1	8	9	4	2	7	6
6	2	9	7	1	3	5	8	4

184

Sudoku Solution

5	3	6	9	8	4	2	7	1
4	1	9	2	6	7	8	5	3
7	2	8	1	5	3	6	9	4
1	7	4	8	3	2	9	6	5
6	9	2	7	4	5	3	1	8
8	5	3	6	9	1	4	2	7
3	8	1	5	2	6	7	4	9
2	4	7	3	1	9	5	8	6
9	6	5	4	7	8	1	3	2

185

3	1	2	6	8	7	4	5	9
8	9	4	1	5	3	6	2	7
6	7	5	4	9	2	8	3	1
7	2	3	5	4	6	9	1	8
9	5	6	7	1	8	2	4	3
4	8	1	2	3	9	7	6	5
2	6	9	3	7	5	1	8	4
5	4	7	8	6	1	3	9	2
1	3	8	9	2	4	5	7	6

186

4	1	2	3	9	7	5	6	8
8	6	9	1	5	2	7	3	4
5	3	7	6	4	8	2	9	1
3	7	8	2	1	9	6	4	5
2	4	1	5	7	6	9	8	3
9	5	6	8	3	4	1	2	7
6	2	4	7	8	5	3	1	9
7	9	3	4	2	1	8	5	6
1	8	5	9	6	3	4	7	2

187

7	3	6	8	5	2	9	1	4
1	2	5	9	3	4	8	7	6
8	4	9	7	6	1	2	3	5
2	6	8	3	1	7	5	4	9
3	9	1	6	4	5	7	2	8
4	5	7	2	8	9	3	6	1
5	7	2	1	9	6	4	8	3
9	1	3	4	7	8	6	5	2
6	8	4	5	2	3	1	9	7

188

5	8	7	6	3	1	2	4	9
6	2	4	9	5	7	1	8	3
1	3	9	4	2	8	5	6	7
8	9	5	3	4	2	7	1	6
4	7	2	1	8	6	3	9	5
3	6	1	5	7	9	8	2	4
9	5	8	2	6	3	4	7	1
2	4	6	7	1	5	9	3	8
7	1	3	8	9	4	6	5	2

189

3	5	1	4	9	6	7	8	2
4	7	9	8	3	2	5	1	6
2	8	6	7	1	5	3	4	9
6	2	8	1	5	7	9	3	4
9	1	5	3	6	4	2	7	8
7	3	4	9	2	8	1	6	5
5	4	3	2	8	1	6	9	7
8	9	2	6	7	3	4	5	1
1	6	7	5	4	9	8	2	3

190

3	4	5	8	6	1	7	9	2
2	9	7	5	3	4	6	8	1
8	1	6	7	9	2	5	3	4
9	7	4	6	2	8	1	5	3
5	8	2	3	1	7	4	6	9
6	3	1	9	4	5	8	2	7
1	5	8	2	7	3	9	4	6
4	6	3	1	5	9	2	7	8
7	2	9	4	8	6	3	1	5

191

2	7	5	9	3	1	4	6	8
3	8	6	2	4	5	7	9	1
1	9	4	6	7	8	3	2	5
8	4	1	7	6	9	5	3	2
5	3	9	8	2	4	1	7	6
7	6	2	5	1	3	8	4	9
6	5	3	4	8	2	9	1	7
4	2	8	1	9	7	6	5	3
9	1	7	3	5	6	2	8	4

192

6	8	7	2	3	1	9	4	5
2	1	4	9	5	6	7	8	3
9	3	5	7	8	4	2	6	1
7	9	8	3	1	2	6	5	4
1	6	2	5	4	9	3	7	8
4	5	3	6	7	8	1	2	9
8	2	9	4	6	3	5	1	7
3	7	1	8	2	5	4	9	6
5	4	6	1	9	7	8	3	2

193

6	9	3	5	2	8	1	4	7
4	5	2	9	1	7	8	3	6
1	7	8	3	6	4	5	2	9
5	8	4	1	7	6	3	9	2
9	6	7	2	8	3	4	1	5
2	3	1	4	9	5	7	6	8
8	2	5	6	4	1	9	7	3
7	1	6	8	3	9	2	5	4
3	4	9	7	5	2	6	8	1

194

5	8	3	1	6	2	7	9	4
4	9	7	8	5	3	1	2	6
1	2	6	4	9	7	3	5	8
6	1	4	9	7	5	8	3	2
9	5	8	2	3	1	6	4	7
3	7	2	6	8	4	5	1	9
8	3	5	7	4	9	2	6	1
7	4	1	5	2	6	9	8	3
2	6	9	3	1	8	4	7	5

195

5	8	3	9	2	1	6	7	4
2	1	4	6	5	7	3	9	8
6	7	9	8	3	4	5	1	2
1	5	6	4	7	9	2	8	3
4	3	7	2	8	5	9	6	1
9	2	8	3	1	6	7	4	5
3	9	2	1	6	8	4	5	7
8	4	5	7	9	2	1	3	6
7	6	1	5	4	3	8	2	9

196

Sudoku Solution

3	2	4	8	6	7	1	9	5
8	7	9	3	1	5	2	6	4
1	5	6	2	9	4	3	7	8
9	6	8	4	3	1	7	5	2
5	4	7	6	2	8	9	1	3
2	1	3	5	7	9	8	4	6
4	9	2	7	5	3	6	8	1
7	3	5	1	8	6	4	2	9
6	8	1	9	4	2	5	3	7

197

2	7	5	8	4	6	3	1	9
6	9	1	2	3	7	5	4	8
8	4	3	1	9	5	7	2	6
7	5	8	4	6	1	9	3	2
9	6	2	3	7	8	4	5	1
1	3	4	9	5	2	6	8	7
3	8	9	6	1	4	2	7	5
5	1	6	7	2	3	8	9	4
4	2	7	5	8	9	1	6	3

198

1	7	2	5	8	4	6	9	3
4	9	6	1	3	2	8	5	7
5	8	3	6	9	7	1	2	4
9	2	8	7	1	6	4	3	5
7	3	4	8	2	5	9	1	6
6	5	1	3	4	9	7	8	2
8	1	5	4	6	3	2	7	9
2	4	7	9	5	8	3	6	1
3	6	9	2	7	1	5	4	8

199

3	9	1	5	8	6	7	4	2
2	4	6	7	1	9	5	3	8
8	7	5	2	3	4	9	1	6
9	3	4	8	5	2	6	7	1
1	6	7	4	9	3	2	8	5
5	8	2	6	7	1	4	9	3
6	5	9	3	4	8	1	2	7
4	2	3	1	6	7	8	5	9
7	1	8	9	2	5	3	6	4

200

www.ingramcontent.com/pod-product-compliance
Lightning Source LLC
Chambersburg PA
CBHW081452250726
48662CB00009B/3056

* 9 7 8 1 6 5 8 8 6 6 7 1 2 *